これからの
特別支援教育は
どうあるべきか

編著　全日本特別支援教育研究連盟

東洋館出版社

はじめに

『これからの特別支援教育はどうあるべきか』。これが本書のタイトルであり、テーマです。

今日、特別支援教育は、内外の思潮のうねりの中で、さまざまな課題に直面しています。もとより課題のない教育はなく、「課題がない」と思ってしまった瞬間に、その教育は前進を止め、後退していってしまいます。ですから、課題を正しく認識することこそ、健全な教育の前進につながると考えます。

特別支援教育の発展過程もまた、その時々の課題を現場が真摯に受け止め、悩み、道を拓いてきた過程でありました。

本書では、特別支援教育における今日的なさまざまな課題を整理し、それぞれの「これから」を提言しています。この作業が、特別支援教育の前進に道を拓くことを期待してのことです。

本書の編集に当たって、以下の4点を確認しました。

・学びの場や指導の形態等の固定的な枠組みからインクルーシブ教育システムの視点へと転換を図る。
・具体的指導・支援につながる多様な視点と発展的内容を踏まえる。
・各テーマで取り上げる内容について、実践例を踏まえることで具体的に提案する。
・課題指摘だけでなく、未来志向の発展的視点を踏まえた具体的な展望を示す。

インクルーシブ教育の実現という課題を基本に、多様な課題を見つめ、実践現場の目線で、未来志向の提言をと考えて編まれたのが本書です。

読者のみなさまが、本書を通して、これからの特別支援教育の方向性のビジョンをもつことができ、かつ実践のこれからにお役に立つことができれば、うれしいことです。

令和5年10月吉日　全日本特別支援教育研究連盟理事長　名古屋恒彦

これからの特別支援教育はどうあるべきか

第 **1** 章

共生社会の実現を目指す特別支援教育の今とこれから

1 特別支援教育の今

　我が国の特別支援教育は、1878年に京都盲唖院の開設を嚆矢とし（文部省，1978）、すでに150年の歴史に迫ろうとしている。その間、1947年の学校教育法による特殊教育制度の発足、2006年の学校教育法等改正による特別支援教育の本格実施（2007年）などを経て、今日に至っている。制度面では多様な学びの場の充実やシステムの整備などを図りつつ、子ども一人ひとりに固有の教育的ニーズに適確に応えるための現場での実践研究が続けられながら、我が国の特別支援教育の今がある。

　特別支援教育の発展過程は、折々に国際的な動向とも連動した。最近では、2006年に国連総会において採択された「障害者の権利に関する条約」（障害者権利条約、2008年発効）の掲げるインクルーシブ教育システムの構築とも連動し、特別支援教育制度の整備が進んでいる。我が国においては、障害者権利条約は2014年に批准・発効となっているが、多様でかつ連続性のある学びの場の充実が図られることとなった。この努力は、1878年以降、紆余曲折を経ながらも積み重ねられてきた特別支援教育充実の努力と符合する。

　一方、2022年9月に国連障害者の権利に関する委員会によって採択された障害者権利条約にかかる第1回日本政府報告に関する総括所見では、'The perpetuation of segregated special education of children with disabilities'（障害のある子どもへの分離された特別な教育の永続）の懸念が表明された。我が国の特別支援教育の現状を分離教育とした上での懸念である。本件は、一般メディアにも取り上げられ、特別支援教育の在り方が注目された。

　いずれにしても、通常の教育とは切り離されて議論されがちであった障害のある子どもへの教育は、特別支援教育時代の今、これまでの実績を踏まえ、インクルーシブ教育システム構築に向けてさらなる歩みを進めている。

2 特別支援教育のこれから

(1) 「全特連ビジョン」から考える特別支援教育のこれから

　我が国の特別支援教育のこれからは、子ども一人ひとりの教育的ニーズに応じた教育の、いっそうの充実が求められる。子ども一人ひとりが、その子らしく、生き生きと学校生活で活躍しながら、確かな生きる力を豊かに養っていくことが願われる。

　ところで、全日本特別支援教育研究連盟（全特連）では、2015年2月に常任理事と全国の構成52団体の各地区代表をメンバーとして、第1回「全特連在り方検討会」を開催、その後も会を重ね、2017年10月の理事・評議員研究協議会において、「全特連ビジョン」を採択した（松矢, 2018）。

　「全特連ビジョン」は今後5年程度をメドとした全特連のアクションプランと言えるが、全国の構成団体からなる理事・評議員研究協議会における議論を踏まえた包括的なカテゴリーを有する。つまり、全特連が描く特別支援教育の今後の方向性検討のカテゴリーともいえる。

　「全特連ビジョン」はその後、2022年5月の理事・評議員研究協議会においてはじめての改定が行われ、現在は第2次のプランとして全特連ホームページに公表されている。ぜひ、ご参照いただきたい（http://zentokurenhp.world.coocan.jp/gaiyou/files/2022_vision.pdf）。

　「全特連ビジョン」は、以下の6項目から構成されている。

1　特別支援教育の推進による共生社会の実現を目指す
2　教育・福祉・労働・医療等の関係機関の連携推進による生涯にわたる総合的な支援体制の充実を目指す
3　卒業後の自立や社会参加の実現に向けて子供たちのキャリア発達を支援する視点からの教育の推進を目指す
4　特別支援教育に関する専門性の高い教職員の育成を目指す

5　子供たちが安全・安心で豊かに暮らせる社会を目指す

6　特別支援教育の教育課程に関する実践研究の一層の充実を目指
す

　以下、本章では、この６項目に即して、特別支援教育のこれからを考えていきたい。なお、全特連は知的障害等発達障害のある子どもの教育を推進する団体である。したがって、以下の論述は、知的障害等発達障害のある子どもを前提としているが、他障害の教育分野についても理念等で共有できるものと考えている。

(2)　特別支援教育の推進による共生社会の実現

　「全特連ビジョン」の第１項目は、「特別支援教育の推進による共生社会の実現を目指す」である。

　インクルーシブ教育システム構築にかかわる基礎的環境整備と合理的配慮の実現のための指導方法・内容等の充実と研究を推進することが必要である。基礎的環境整備も合理的配慮も、障害のある子ども一人ひとりが、よりよく社会の中で生活する上で必須のことである。学校もまた社会である以上、基礎的環境整備及び合理的配慮の充実を図っていくことで、よりインクルーシブな学びの実現にアクセスできよう。

　そのために、通常の教育と特別支援教育の場の連続性をいっそう図っていくことはもとより、幼稚園、保育所、認定こども園、小学校、中学校、高等学校などの学校や福祉施設などとの連携も重要な課題となる。

　さらに、いわゆる特別な場としての、特別支援学校、特別支援学級及び通級指導教室（高等学校を含む）の指導の充実も必要である。これらの場での学びのニーズは年々高まっており、そのニーズに応える教育の質的向上は必須の課題である。

(3)　教育・福祉・労働・医療等の関係機関の連携推進

　第２項目は、「教育・福祉・労働・医療等の関係機関の連携推進によ

る生涯にわたる総合的な支援体制の充実を目指す」である。

特別支援教育体制の整備に伴い、特別支援学校等に他領域の専門家の参加が進んでいる。教育・福祉・労働・医療等のそれぞれの関係機関による個別の支援計画の共有と活用は、連携の円滑化には不可欠である。これらの個別の支援計画等の早期からの作成推進と情報の共有、連携の充実が図られることが望まれる。

さらには、人と人との早期からの連携も必要である。一人の子どもをそれぞれの立場から支える関係者が、顔の見える関係となることで、支援計画等のフォーマルなシステムも実効性を高める。

学校教育においても、これら関連機関との連携の下、個別の教育支援計画を適確に作成し、活用していくことが不可欠である。また、学校教育において授業実践の充実は不可欠であり、その点では、個別の指導計画の作成と日常的な活用も求められる。それによって、日々の子どもの学校生活の充実を図り、将来の望ましい進路へとつなげていくのである。

個別の教育支援計画や個別の指導計画などが効果的に機能していくことで、就学前から卒業後までの切れ目ない学習支援、そして就学支援・移行支援の指導・支援の充実が図られる。これらの計画の策定は着実に進んでいるが、今後いっそう質的な改善と効果的な運用が求められる。

⑷　自立や社会参加の実現に向けたキャリア発達支援

第3項目は、「卒業後の自立や社会参加の実現に向けて子供たちのキャリア発達を支援する視点からの教育の推進を目指す」である。

2017年以降の現行学習指導要領においては、小学校・小学部段階からのキャリア教育の充実が図られている。ともすれば進路指導や職業教育と混同されがちなキャリア教育であるが、ライフキャリアの充足という点から、各年齢段階での学習活動や学校生活の充実を図る方向での実践研究の進展が望まれる。自立や社会参加という言葉には、学校卒業後に実現される目標という語感がある。しかし、人が社会の中で生き生きと生活することは、すべてのライフステージにおける権利である。大人も

子どもも、かけがえのない社会の構成員である。したがって、自立と社会参加を目指すという場合、まず現在の学校生活での生き生きとした学び・生活の実現を図りたい。

　もちろん、キャリア教育が、学校卒業後の社会において、一人ひとりがその役割をしっかりと担い、生きていくことを願っていることも疑う余地がない。そこで、学校生活の最終段階となる高等部における進路指導・職業教育の充実もまた、キャリア教育の充実を意味する。その場合も、単なる職業技能の訓練に注力するのではなく、日々の豊かな働く生活の充実という視点を欠かすことはできない。

　今日、生涯学習、生涯発達の視点からの社会全体での教育が課題とされる。特別支援教育においても、特別支援学校高等部卒業後の生涯学習への支援を検討していきたい。授業において、将来の学びにつながる内容を取り入れることはすでに行われているが、学校卒業後の社会教育機関との連携等も今後充実を図っていきたい。

　キャリア教育は、すべてのライフステージにおいて、社会の中で豊かに生きることを本質的な目標としている。したがって、その学びの具体化でも、地域社会と連携した教育の推進が不可欠である。社会の中で、生き生きと活躍する子どもの姿を願い、日々の授業実践に努めたい。

⑸　特別支援教育に関する専門性の高い教職員の育成

　第4項目は、「特別支援教育に関する専門性の高い教職員の育成を目指す」である。

　2022年3月には、「特別支援教育を担う教師の養成の在り方等に関する検討会議」において、「特別支援教育を担う教師の養成の在り方等に関する検討会議報告」が取りまとめられ、今後の特別支援教育担当教員の養成に関する総括的な方向性が示された。すべての新規採用教員がおおむね10年目までの期間内で、特別支援学級や特別支援学校を複数年経験することとなる状態を目指すこと等が提言されている。

　2022年7月には、「特別支援教育を担う教師の養成の在り方等に関す

る検討会議」において、「特別支援学校教諭免許状コアカリキュラム」が取りまとめられた。

　いずれの動向も、特別支援教育にかかわる、より専門性の確かな教員養成が今後期待できる動向である。「全特連ビジョン」においても、特別支援学級担任・通級指導教室担当教員、特別支援学校教職員の専門性の向上、研修の充実を課題として示している。加えて、幼稚園、保育所、認定こども園、小学校、中学校、高等学校等の教職員等の特別支援教育への専門性の向上、研修の充実も課題とされる。

　今日、さまざまな講習会等が各地で開催されているが、コロナ禍を経てオンライン講習会等が定着している現在、いっそう多様な方法の検討がなされてよい。

⑹　子供たちが安全・安心で豊かに暮らせる社会を目指す

　第5項目は、「子供たちが安全・安心で豊かに暮らせる社会を目指す」である。

　この項目には、防災や安全という子どもを守る視点と、健康で文化的な生活を目指すという子どもの豊かな生活を指向する視点がある。

　東日本大震災以降の防災意識の高まり、学校で発生する子どもの生命にかかわる深刻な事件の多発などに対しては、特別支援学校等においても実践研究が蓄積されてきている。多様な障害特性に応じた防災教育・安全教育のあり方を検討していくことが今後も必要である。

　性教育、食育等、健康に関する実践研究は、各障害種の障害特性に応じて従前から行われてきた。健康や安全にかかわるため、その教育的ニーズは高いが、今後さらに前述の生涯学習との関係も含め、日々の生活を豊かにしていくという視点からの取り組みの充実も図りたい。

　東京オリンピック・パラリンピックを通して、障害者スポーツへの関心が高まりを見せている。パラスポーツはすでに障害のない人たちとも共有できるものとなってきている。インクルーシブな社会の実現を図るために、学校教育でもいっそうの展開を期待したい。障害のある人の芸

11

術・文化活動についても、メディア等での関心が高まり、社会の日常に浸透しつつある。学校での芸術・文化活動の発信もいっそう必要である。

　これらの学びも、高等部卒業後の生涯学習につながる指導・支援の充実を図っていきたい。

　また、今日、外国に出自のある子ども等、多様な背景のある子どもが特別支援教育の場でも学んでいる。教育的ニーズを多面的に把握し、そのニーズに応えるための実践研究も進めていきたい。

(7)　特別支援教育の教育課程に関する実践研究の一層の充実

　第6項目は、「特別支援教育の教育課程に関する実践研究の一層の充実を目指す」である。

　日々の授業づくりは教育課程に基づいて行われる。教育課程研究の充実は授業の充実につながり、授業の充実が教育課程の改善につながる。

　学習指導要領で「生きる力」を養うことがこれまで以上に明瞭に示される現在、現場での教育課程研究は不可欠である。「全特連ビジョン」では、このことに関して、以下の論点を示している。

　一つは、「学びの連続性」の推進に関する実践研究である。幼稚園から高等学校までの学びの連続性をより確かにしていくことが求められており、これは、特別支援学校幼稚部から高等部までの連続性においても同様である。さらに特別支援教育では、特別支援学校等の特別な学びの場と通常の学校等の学びの場の連続性を図っていくことも、インクルーシブ教育システムの構築という点から重要な研究課題となる。

　現行の学習指導要領は、「生きる力」を養うという方向性の下、「主体的・対話的で深い学び」「カリキュラム・マネジメント」などのキーワードを示している。特にこれらは、知的障害教育課程・指導法の伝統とも合致するものであり、これまでの実践研究の発展をいっそう期したい。

　学習指導要領にかかわる動向では、「知的障害教育の教科」に関する議論も活発である。通常の教育における教科の考え方や示し方が大きな転換を果たしている現在、「知的障害教育の教科」がこれらに対して有

する連続性や独自性を明確にしていき、知的障害のある子どもの教育的ニーズに応えることができる教科の姿を明らかにしたい。生活単元学習等の各教科等を合わせた指導のあり方も、「知的障害教育の教科」の特質を踏まえての検討が必要である。

　併せて、すべての障害種において、自立活動に関する関心も高まりを見せている。学習指導要領の示す教科の指導と自立活動の指導の関係、多様化する障害に適確に対応するための自立活動のありようなど、論点は多い。

　インクルーシブ教育システムを構築する上で大きな役割を果たしてきた交流及び共同学習についても、交流と共同の両方の目的を正しく達成できるための実践研究は今後も継続していく必要がある。参加するすべての子どもが十分な学びを達成できているか、日常的な学びが実現できているかなど、さまざまな視点からの授業改善が求められる。

　Society 5.0が提唱される今日、すべての学校種でのICT利活用に関する実践研究はもはや必須である。特別支援教育では、ICTを活用することにより、より効果的な学習を展開できるための授業研究はもちろん、子どもが社会の中にあるICTへのアクセシビリティを高めていくための学びの充実も欠かせない。

〔文献〕

松矢勝宏（2018）全特連ビジョンの採択について，『特別支援教育研究』728，pp.58-59
文部省（1978）『特殊教育百年史』東洋館出版社

名古屋　恒彦

第 2 章

インクルーシブ教育システムの充実に向けて

1

多様性を前提とした学校づくり
～特別支援教育と通常の学級の教育変革の融合～

1 先ずは「特別支援教育の現状と課題」を共有する

　2007年の学校教育法の一部改正により法制化された特別支援教育も、それから15年が過ぎた。書籍で紹介されるような学校の実践を読むと、この国の特別支援教育も、こんなに進化してきたのかという思いを持つ。しかし、現実の多くの学校現場では、決してそれほど進化した状況だとは言えないのではないか。もちろん、特別支援教育コーディネーターの指名など、特別支援教育を進めるための校内体制づくりは格段に進み「当たり前」の状況にあるだろう。しかし、個別の指導・支援の質であったり、通常の学級の在り方そのものであったりは、15年前と比べて大きく変化していないと考えられる。

(1) 特別支援教育の捉え方が拡大

　特別支援教育とは、障害のある児童生徒の教育的ニーズに対応する個別の指導・支援のことを指す。しかし、この15年ほどの間に、それに加えて、その児童生徒が所属する集団全体に対してや児童生徒同士の関係に対するアプローチも特別支援教育の取組の中で大切にされるようになってきた。この変化は、個別の指導・支援だけをどれだけ丁寧に行っても、児童生徒は集団の中で生活し学んでいるという「集団の中の個」(青山, 2022) であり、集団の影響を受けることから生じたものである。これは、言い換えれば、障害を医学モデルとしての捉え方から社会モデルとして捉えるようになったとも言える。環境要因との関係の中で障害を捉えるようになり、特別支援教育の捉え方が変化したのである。

(2) 特別支援教育の視点を取り入れた教育活動から
インクルーシブ教育へ

　先述の変化に伴い、特別支援教育の視点を取り入れた教育活動の充実を目指して取り組むことが、通常の学級の教育を変容させ、支援を要する子どもたちの成長につながっていくという方向が見えてきた。ところがその見えてきた方向に加えて、インクルーシブ教育の考え方が入ってきたことで、学校現場には混乱がみられているのではないだろうか。これは、そもそもインクルーシブ教育とは何か？という問いであり、特別支援教育とインクルーシブ教育の関係は何か？という問いでもある。

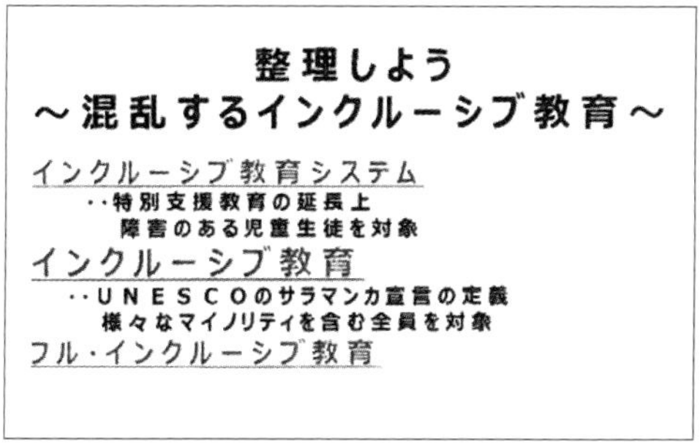

　2012年7月に出た中央教育審議会初等中等教育分科会の「共生社会の形成に向けたインクルーシブ教育システム構築のための特別支援教育の推進（報告）」では、我が国のインクルーシブ教育システムについて細やか

```
整理しよう
～混乱するインクルーシブ教育～
インクルーシブ教育システム
‥特別支援教育の延長上
障害のある児童生徒を対象
インクルーシブ教育
‥UNESCOのサラマンカ宣言の定義
様々なマイノリティを含む全員を対象
フル・インクルーシブ教育
```

図2-1-1　インクルーシブ教育の整理

に報告されている。当たり前だが、ここでは、「インクルーシブ教育」とは異なり、障害のある児童生徒が障害のない児童生徒と共に学ぶ仕組みをつくることの大切さが述べられている。誤解を恐れず書けば、インクルーシブ教育システムの制度は特別支援教育と大きく変わるものではないのである。

　しかし、世界的に見た際のインクルーシブ教育はどうであろうか。各国のインクルーシブ教育の定義は様々であり、統一した定義があるわけではない。しかし、例えばユネスコのサラマンカ宣言を見ても、その対象は障害のある児童生徒に限定されていない。つまり、障害のある子どもがない子どもと一緒に学ぶと対象を限定せず、誰もが一緒に学ぶことがインクルーシブ教育の本質的な意味である。この点が、我が国のイン

クルーシブ教育システムとは大きく異なっている点だと考えるが、多くの学校現場でこれが明確に認識されているとは言えないだろう。それゆえ、教職員や保護者等、それぞれが自分自身のインクルーシブ教育の理解に基づき考えを述べることで、その是非や課題性等の対話がかみ合わないことが発生していると思われる。

ここでは、サラマンカ宣言におけるインクルーシブ教育のポイントを抜粋している。先述のように、インクルーシブ教育の対象は障害のある児童生徒だけではなく、すべてのマイノリティを含むすべての子どもであるとされている。また、現在の教育システムにすべての子どもたちを合わせるのではな

図2-1-2　ユネスコの定義のポイント

く、子どもたちの多様性に合わせて教育システムを変えること、そしてその到達点が定まっているわけではなく、多様な子どもたちの教育的ニーズへの対応を常に模索し続けるというプロセスそのものがインクルーシブ教育であるとされている。

⑶　中央教育審議会の議論を融合する

先述したように、多くの学校現場で、インクルーシブ教育の理解に関する混乱が見られている。そこで、本稿では、特別支援教育と特別支援教育の視点を取り入れた教育への拡大、そしてインクルーシブ教育への展開とインクルーシブ教育システムとインクルーシブ教育の定義の違いを押さえてきた。

令和5年の上半期に、インクルーシブ教育を考えるにあたって重要な報告や議事録が中央教育審議会から報告された。「通常の学級に在籍する障害のある児童生徒への支援の在り方に関する検討会議報告」と「中教審義務教育の在り方ワーキンググループ（第5回）議事録」である。

図2-1-3、4にその大まかなポイントを示した。図2-1-3は、イン

・「通常の学級に在籍する障害のある児童生徒への支援の在り方に関する検討会議報告」令和5年3月13日

↓

・通級による指導の強化

・特別支援学校を含めた2校以上の学校を一体的に運営するインクルーシブな学校運営モデルを創設

図2-1-3　中教審検討会議報告

「中教審 義務教育の在り方ワーキンググループ（第5回）議事録」 令和5年2月1日

↓

カリキュラムや制度の改善（の方向性）

○通常の学級の教育課程の弾力化
　学習指導要領の柔軟性（モディフィケーションの実現）
○一斉授業形態の変革
○学びの個性化と探究学習と個の特性
○学級編成の柔軟性
○教育環境の変革
○地域との協働　　等々

図2-1-4　中教審議事録

クルーシブ教育システムを踏まえた検討と言える内容であるが、通常の学級の教育そのものの在り方についての提言がなされてはいない。しかし図2-1-4においては、個別最適な学びと協働的な学びの一体的な充実を通じた主体的・対話的で深い学びの具体化や多様性と包摂性に基づく学校文化の醸成など、通常の学級の教育のカリキュラムや教育制度に関する在り方について議論されていることが示されている。

今後の特別支援教育は、中教審での検討事項を参照しながら、障害のある児童生徒への個別の指導・支援に加え、通常の学級の教育システムを多様な実態の児童生徒に合わせて変革する動きと融合した取組を進め、インクルーシブ教育の方向へと展開していくことが重要になる。

2 インクルーシブ教育を進めていくために各学校でできること

(1) 多様性や差異を大切にする取組を確実に増やしていくこと

各学校における学校運営モデルの基本的な方向性と具体的アイディアを示すのが本稿の役割である。そこで先ずは、各校で、本稿で検討してきた内容についてしっかりと対話をする場づくりが重要になる。単なる実践アイディアの交流レベルの話ではなく、対話を重ね、それぞれの教員が各自で考え、その意味を腑に落としていくプロセスがインクルーシブ教育そのものだからである。それとともに、各学校の教育活動に多様性や差異を大切にする取組を確実にいれていくよう進めることが必要だろう。

⑵　マイノリティとマジョリティ～日常の自身の立ち位置～

　多様性や差異を大切にする取組を確実にいれていくために、先ず教職員各自が、日常でマイノリティの存在を感じる場面をあげてみたい。マイノリティの存在に気付き合える場づくりをすることによって、その存在を意識することにつながるからである。その上で、「マイノリティとマジョリティを感じることがあるか？」と投げかけてみたい。

　野口・喜多（2022）は、マジョリティを「主流」であり「権力」のある方だと述べている。これは、例えば、子どもたちから聴取した内容で考えるならば、急にレポート課題を追加して締切を明後日に指示することや、10分しかない授業の合間に、体操服に着替えて離れた運動場まで行くように指示し、遅れたら減点対象だと告げること、忘れ物をした生徒たちを15分間怒り続けていることなどが考えられる。これらは、マジョリティとマイノリティの関係を示している例であり、マイノリティの方が遥かに数が多いのである。

　教職員が自分自身の在り方へ内省を求められることになるため、時に苦しい状況にもなる取組である。しかし、こういったマイノリティへの意識や、マジョリティとマイノリティの関係を考える姿勢がないまま、障害のある子どもへの指導・支援だけを検討しても、教職員自身の当事者性が向上しないため、「特別」なことを行っている感覚から脱却しにくいと考えられる。そこで当事者性を向上するための取組が重要になる。

⑶　授業観の転換～学習者の視点から～

　ここでは、通常の学級の授業を取り上げる。結論を言えば、そのポイントは学習者の視点から考えるということである。教師の教えやすさではなく、児童生徒の学びやすさを検討する姿勢を向上するためのしかけが重要になる。

　そこで先ずは、児童生徒を知っている複数の教員で協議すること、その際児童生徒の名前を具体的にあげて検討することが重要になる。目の

前の子どもの具体的な姿をもとに、どこにひっかかりそうかを考えるためである。

　次に、ひっかかりの背景要因を検討することである。いきなり指導支援のアイディアを出したり、これまでの経験を持ち出したりせず、「どうしてそこでひっかかって分からなくなるのかな？」という思考を大切にして考える。

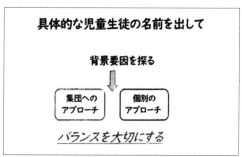

図2-1-5　背景要因の分析からアプローチ

　児童生徒のひっかかりの背景要因を検討したら、それを踏まえてアプローチについて検討する。その際のポイントは個と集団の両面へのアプローチを考え実践することにある（青山・堀，2018）。

　授業場面における検討なので、実際に教職員が子ども役になっての模擬授業スタイルの検討が考えられる。児童生徒の立ち位置からその授業を考えること、意見を述べることは「学習者の視点」を知らず知らずのうちに意識することになるからである。

　この取組が、特定の教科だけであるとか、特別支援教育を意識したときだけではなく、すべての教科・領域において、日常的に当たり前になってくることが重要である。この検討内容を学習指導案に落とし込み、当たり前に取り組んでいく文化を形成できるよう学校を運営していきたい。

〔文献〕

青山新吾（2022）『エピソード語りで見えてくるインクルーシブ教育の視点』学事出版

青山新吾・堀裕嗣編（2018）『特別支援教育すきまスキル　小学校下学年編』，『特別支援教育すきまスキル　小学校上学年・中学校編』明治図書出版

野口晃菜・喜多一馬編著（2022）『差別のない社会をつくるインクルーシブ教育：誰のことばにも同じだけ価値がある』学事出版

青山　新吾

2

交流及び共同学習による
「学び合い」の推進

1 交流及び共同学習の意義と課題

　「共生社会の形成に向けたインクルーシブ教育システム構築のための特別支援教育の推進（報告）」（中央教育審議会，2012）や2017年3月告示の学習指導要領総則のなかで「障害のある幼児児童生徒との交流及び共同学習の機会を設け、共に尊重し合いながら協働して生活していく態度を育むようにすること」がより一層、求められるようになった。つまり、共生社会の形成に向けたインクルーシブ教育システム構築をめざすなかで、交流及び共同学習の展開がより求められている。

　交流及び共同学習ガイド（文部科学省，2019）において、交流及び共同学習では「相互の触れ合いを通じて豊かな人間性をはぐくむことを目的とする交流の側面」と「教科等のねらいの達成を目的とする共同学習の側面」が一体としてあることが示されている。

　しかし、これまで交流及び共同学習は、交流の側面を重視した実践（石川・田口ら，2016：藤木・廣田ら，2015）が見られる一方で、川合・野崎（2014）が指摘するように、障害のある児童生徒と障害のない児童生徒間で繰り広げられる共同学習においては、その重要性が指摘されながらも実践と研究の蓄積が少なく、共同学習の側面について十分に検討されてこなかった。さらに、交流及び共同学習では、本人の学ぶ力を培うことを成果とする実践が少ないことが指摘されている（国立特別支援教育総合研究所，2018）。特に知的障害のある子どもの交流及び共同学習では、全般的に技能教科を除く教科においてその実施率が低い傾向にある（国立特別支援教育総合研究所，2008）。知的障害の場合は、感覚障害や発達障

害のある子どもと異なり、情報保障の確立、教材や支援方法の変更・付加のみでは共同学習への参加を促すことが困難であり、教育課程や学習内容を修正することが必要となる可能性があることから、共同学習の側面を重視した実践や研究は少なくなると考えられる。そのため知的障害のある児童と障害のない児童が教科学習を通した交流及び共同学習の成立要因とその効果を検証していく必要性がある。

2 特別支援学校と小学校における交流及び共同学習の実践

　群馬大学教育学部附属特別支援学校と附属小学校は、両校が校舎や運動場を共有しており、この環境を活かし附属特別支援学校の1979年の開校以来、さまざまな交流活動や交流学習を行ってきた。特に2016年〜2018年の３年間は学校研究において「人とかかわりながら学びを深める児童生徒の育成」をテーマに掲げ、交流及び共同学習の実践的研究を進めてきた。

⑴　交流及び共同学習の単元計画・授業づくり過程や手順

　内田ら（2022）は群馬大学教育学部附属特別支援学校と附属小学校においてこれまで実践してきた14の教科学習による交流及び共同学習（例えば、三澤ら，2018：中原・豊岡，2019：中原・霜田，2021）をもとに、交流及び共同学習の単元計画・授業づくりの８つの過程や手順を整理した（表2-2-1）。

　共同学習の側面に焦点を当てた交流及び共同学習の授業づくりの考え方としては、「特別支援学校と小学校の学習指導要領の連続性を考慮する」ことを前提としながら、単に同じ場を共有するだけでなく、まずは一人一人の学びを保障するための「ねらい（学習内容）」や「学習活動」が重要となる。実践のなかでは、一人一人の子どもが「学習活動」に参加できるための十分な支援が準備されていた。さらには、関わりを通して学ぶことをねらいグループ構成の工夫や共有されやすい学習活動の設定などが工夫されていた。

表2-2-1　交流及び共同学習の単元計画・授業づくりの８つの過程や手順
国語科４年「壁新聞づくり」　特別支援学校と通常小学校児童との交流及び共同学習を一例として

① 「学習のねらい」の設定

　　知的障害児では個別の指導計画に基づき単元の学習のねらいを設定。
　　例　知的障害児：文章のなかで助詞を正しく用いることができる。
　　　　交流学級児童：読み手を想定して伝え方を工夫することができる。

② 「共通のねらい」の設定

　　単元を通して学習集団全体でのねらいを、特別支援学校と小学校の学指導要領の連続性を踏まえて設定。
　　例　相手に伝わるように文章を書く。

③ 主な教材と活動の設定

　　「学習のねらい」「共通のねらい」を達成できる教材と活動を設定する。
　　一人一人が充実感や満足感を得られる活動であるかという観点から設定する。
　　例　共通の体験や興味関心を題材に壁新聞を作り、互いに記事を見合う。

④ 「共通テーマ」の設定

　　「共通のねらい」に基づき単元名（子ども達への合い言葉として）を設定する。
　　例　かいて　つたえよう　─みんなにとどけ　ふぞくしんぶん─

⑤ 単元の目標・指導計画の設定

　（ａ）　学習のねらいと実態を基に一人一人のねらいと評価規準を設定。
　（ｂ）　学習集団全体の活動のなかでも、一人一人の学習活動が保障できるように設定。
　　例　（ａ）　一人一人のねらいは、各児童にも提示する。
　　　　（ｂ）　それぞれの教室で学習する内容と、交流及び共同学習で学習する内容を分けて指導計画を設定（単元時間数：特支19回、小学校12回、うち交流及び共同５回）。
　　　　附属特別支援学校の児童は、交流及び共同学習で学ぶであろう内容を事前に時間をかけて学ぶ設定。

⑥ 支援方法の具体化

　（ａ）　学習集団全体への支援と個々への支援を、ティームティーチングとして役割・方針を教師間で検討・調整する。
　（ｂ）　児童同士の関わりが生まれ、関わりを通して学べるような支援等を工夫する。
　　例　（ａ）　通常学級担任も特別支援学校児童への支援を実施
　　　　　　　助詞を選択肢として提示、見本を示す。
　　　　（ｂ）　共同制作活動の導入、個々のねらいを確認する機会を設定し、相手への適切な関わり方の手がかりとする等。
　　　　　　　グルーピングや場の設定にあたっては、子ども同士の関係を活かす。

⑦ 授業の実践

　　「共通のねらい」と個々の目標が達成できているかを評価規準に照らして評価しながら、学習活動や支援方法の改善を図りながら実践する。
　　例　自分自身や友達ができるようになったこと、その過程で頑張ったことを、子どもが具体的に実感できるようにする。
　　　　子ども同士が相互評価をしたり、自己評価と比べたりして、自分の取り組みを客観的に振り返られるようにする。

⑧ 授業の評価

　　単元全体の評価とするため、一人一人の「学習のねらい」の評価に加え、「共通のねらい」「共通のテーマ」を視点に評価し、次の単元の授業作りに活かす。

⑵　共に学ぶことから促される教科の学び

　木村（2022）がまとめた群馬大学教育学部附属特別支援学校と附属小学校における交流及び共同学習で見られた「共に学ぶことから促される教科の学び」を紹介する。国語科単元「かいて　つたえよう　―みんなにとどけ　ふぞくしんぶん―」の交流及び共同学習では、附属小学校第４学年34名と、附属特別支援学校小学部５名（第４学年２名、第５学年１名、第６学年２名）が、グループを構成し、グループごとに壁新聞をつくる活動を行った。両校全児童・生徒の目に触れる両校合同玄関に壁新聞を設置することを想定しており、両校児童・生徒を読み手とした。「自分たちのつくった壁新聞を誰が見るか」との教師からの発問をきっかけに、附属小学校の児童は附属特別支援学校の児童・生徒も見ることを想定し、「全部ひらがなで書く」、「大きい字で書く」、「丁寧な字で書く」、「漢字で書いた時はふりがなをつける」、「絵や図を入れる」との発言があった。附属小学校児童は、共に学ぶ附属特別支援学校の児童の姿を通して、新聞の読み手となる附属特別支援学校の児童生徒を想像して、相手に伝わる工夫を考えることができていた。一方で、附属特別支援学校のある児童は、附属小学校の児童が発言する姿を手がかりに「赤、色つける」などの発言があった。附属小学校の児童の学ぶ姿をきっかけに附属特別支援学校の児童の発言が促された場面であった。

　また、本単元では、学習のねらいと実態を基に両校児童一人一人のねらいが設定された。そして、児童はそのねらいを「がんばりカード」に記入し、授業のはじめに、グループ内でお互いにそのねらいを見せ合い、確認する時間が設けられた。ある特別支援学校の児童における本単元の目標は「『が』『の』『で』などの助詞を適切に使って、単語をつないで文を書くことができる」であった（本人の「がんばりカード」には「くっつきことばを書く」と表記）。これらのねらいをグループ内で両校児童が互いに共有することによって、関わり方にも変化が生じた。ねらいを共有する前は、附属小学校から附属特別支援学校の児童への関わり方は、と

もすると本人ができることまでもお手伝いする関わりに近かった。それがねらいを共有することによって、対象児が学習目標としている「助詞」を使用した文章を作文している際に、「○○（対象児）くんはこくごがとくい」の「が」のところだけ、指差しして、促している場面が見られた。時には、附属特別支援学校の児童が助詞を書く様子をとなりで見守る附属小学校の児童の姿があった。相手のめあてを知ることによって、つまり、相手を知ることができたからこそ相手との適切な距離感、適切な関わりが可能となった一場面である。一方で、特別支援学校の児童にとっては、附属小学校の児童の存在がよきサポーターとして、自身の活動の見本になり、明示的に教えてくれる存在になるだけではなく、集中や活動への取り組みを見守ってくれる存在であったと捉えられる。

3 交流及び共同学習を軸とした 教師の協働に基づく研修の可能性

(1) 特別支援教育の知見や経験を蓄積するための 組織的対応の必要性

　特別支援教育を担う教師の養成の在り方等に関する検討会議における報告（2022）では、全ての教師に対し特別支援教育の知見や経験を蓄積するための組織的対応が必要とし「小学校等において、通常の学級と、通級による指導や特別支援学級、特別支援学校の間で連携した指導の充実を図り、教師が協働しながら専門性の層を着実に厚くしていく仕組みをつくり、特別支援教育に係る経験を有する教師を増やすことが必要」であると述べた。また、「新規採用から長時間経過していない期間に、障害のある児童生徒の学びの特性を理解し、（中略）学習指導案を作成し、実際に指導に当たる機会が不可欠」と述べている。

　この「特別支援教育の知見や経験を蓄積するための組織的対応」を研修といった側面から見ると、特別支援教育が導入された当初から、94.8％の自治体にて特別支援教育に関する研修が実施されていることが徳永

ら（2007）の報告から分かる。また、姉崎（2005）からは、従前より小・中学校の教師は通級による指導や特別支援学級との連携を望んでいることが分かる。しかし、特別支援教育における教師の研修ニーズについて調査研究をした福田・橋本ら（2020）による近年の報告では、通常学級の教師は、教育領域の大学教員等の専門家が講義形式で実施する研修スタイルや専門家などによる巡回相談によってケース検討をする研修が効果的・効率的であると考えていることが示されている。これらより通常学級の教師は特別支援教育に関する研修の必要性や連携に基づく支援を望んでいるものの、通級による指導や特別支援学級の教師と協働しながら特別支援教育に関する知見や経験等を研鑽する仕組みが必ずしも十分でないと捉えられる。今後、教師の協働に基づき小中学校における特別支援教育の知見や経験を着実に厚くしていく仕組みを構築し、その効果を検証することが重要であると考えられる。小中学校の教師が自身のこととして特別支援教育の実践に必要な知見や経験を積み上げる仕組みを構築するには、小中学校教師が日頃実践している自身の授業に重ね合わせるなかでの実践研究が必要であると考える。

⑵　教師の協働に基づく特別支援教育に関わる研修の必要性可能性

　先に述べた知的障害のある児童と障害のない児童における教科学習による交流及び共同学習の実践では、単元計画・授業づくりにおいて、どちらかの教師が先導して行うのではなく、特別支援学校教師と通常学級教師が協働して取り組む様子があった。特に、一人一人のねらいに基づく学習活動の保障を協働して検討したり、児童たちへの支援については、通常学級担任教師も特別支援学校児童に関わったりするなども意図的に展開した。

　この実践を基に、我々は特別支援学級と通常学級における交流及び共同学習として国語科の授業を両学級担任教師の協働にて実践した（堀部ら，印刷中）。そのなかで、通常学級の担任からは「特別支援学級の児童

の特性が分かることによって、通常学級児童の困難さや特性も見えるようになった」「特別支援学級の児童への理解に基づくねらいや教材を検討するなかで、集団のなかでの個別最適な学びを考える機会となった」などの感想が抽出された。

　特別支援教育は、従前より、障害のある子ども一人一人の教育的ニーズに対応して、個に応じたきめ細かな学習の工夫を実施してきた。それを通して、①障害のある子どもの実態把握、②障害のある子どもの教育的ニーズに応じた指導・支援目標を設定、③障害のある子どもの実態や目標に即した指導・支援計画の立案、③障害のある子どもに即した具体的な指導・支援に係わる知識や力、④実施した指導・支援を教師自身が評価し、見直すことができる力、⑤教員と協働して指導・支援をする力、障害のある保護者との連携、などさまざまな力を身につける機会となっている。こうした特別支援教育の考え方や実践は、特別支援教育分野の専門性向上や進展のみならず、教育全体の質の向上に寄与するものと考える。これまで検討されてきた特別支援教育における知識・技能を基に、交流及び共同学習の実践を教員研修の１つとして位置づけ、そのあり方を検討することができれば、インクルーシブ教育システムの視点へと転換を図ることにも繋がると期待できる。

〔文献〕
姉崎弘（2005）特別支援教育における教師の研修に関する一研究：障害児学校教師と小・中学校教師へのアンケート調査から，『三重大学教育学部研究紀要』56, pp.257-269

中央教育審議会（2012）共生社会の形成に向けたインクルーシブ教育システム構築のための特別支援教育の推進（報告）https://www.mext.go.jp/b_menu/shingi/chukyo/chukyo3/044/attach/1321669.htm〔最終閲覧日2023年９月２日〕

藤木美香・廣田稔ら（2015）特色ある交流及び共同学習：併設する十日町小学校との交流，『上越教育大学特別支援教育実践研究センター紀要』21, pp.53-55

福田弥咲・橋本創一ら（2020）特別支援教育における教師の研修ニーズと専門性向上に関する調査研究，『発達障害支援システム学研究』19(2), pp.159-167

堀部慧・霜田浩信・峯岸幸弘・河内昭浩・坂西秀昭・内田誠・木村素子（印刷中）交流及び共同学習における教科の学びを促す授業の実践，『群馬大学教育実践研究』41

石川衣紀・田口真弓ら（2016）附属中学校と附属特別支援学校における交流及び共同学習・障害理解教育の実践的研究，『教育実践総合センター紀要』15，pp.37-51

川合紀宗・野崎仁美（2014）インクルーシブ教育システムの構築に向けた交流及び共同学習の課題と展望：今後の共同学習のあり方を中心に，『広島大学大学院教育学研究科紀要第一部』63，pp.125-134

木村素子（2022）知的障害のある児童とない児童の交流及び共同学習における教育目標のモディフィケーションの実際と交流を通した教科の学習到達の評価：群馬大学教育学部附属特別支援学校及び同附属小学校の実践を中心に，『群馬大学教育実践研究』39，pp.121-137

国立特別支援教育総合研究所（2008）プロジェクト研究成果報告書「交流及び共同学習」の推進に関する実際的研究
https://www.nise.go.jp/cms/resources/content/403/c-70_all.pdf〔最終閲覧日2023年9月2日〕

国立特別支援教育総合研究所（2018）交流及び共同学習の推進に関する研究（平成28〜29年度）研究成果報告書，pp.218-221
http://www.nise.go.jp/nc/wysiwyg/file/download/1/1722〔最終閲覧日2023年9月2日〕

三澤哲彦・早川愛美・近藤智・木村素子・霜田浩信・河内昭浩・坂西秀昭・今井東（2018）知的障害のある子どもと障害のない子どもとの教科学習における交流及び共同学習の展開：特別支援学校小学部・小学校国語科における単元「きいてはなしてつたえよう」の実践から，『群馬大学教育実践研究』35，pp.183-192

文部科学省（2019）交流及び共同学習ガイド
https://www.mext.go.jp/a_menu/shotou/tokubetu/1413898.htm〔最終閲覧日2023年9月2日〕

中原靖友・霜田浩信（2021）図画工作科における交流及び共同学習の実践上の成果と課題，『群馬大学教育実践研究』38，pp.227-240

中原靖友・豊岡大画（2019）交流及び共同学習の評価について：図画工作科の実践を基に，『群馬大学教育実践研究』36，pp.279-288

特別支援教育を担う教師の養成の在り方等に関する検討会議（2022）特別支援教育を担う教師の養成の在り方等に関する検討会議における報告
https://www.mext.go.jp/content/20220331-mxt_tokubetu01-000021707_1.pdf〔最終閲覧日2023年9月2日〕

徳永亜希雄ら（2007）特別支援教育を推進する教員研修実施状況及び研修ニーズ等に関する調査報告，『国立特殊教育総合研究所研究紀要』34，pp.67-91

内田誠・坂西秀昭・霜田浩信・木村素子・河内昭浩（2022）「共同学習の側面に焦点を当てた交流及び共同学習」の授業づくりの考え方：群馬大学教育学部附属特別支援学校における6年間の実践の分析を通して，『群馬大学教育実践研究』39，pp.293-303

霜田　浩信

3

連続した多様な学びの場の一つとしての「特別な教育の場」の機能の充実①
～通級による指導と特別支援学級の機能の充実～

1 通級による指導のこれから

　通級による指導が平成5年に制度化され、担当教員の定数配置も順次なされていくところである。インクルーシブな教育を目指していくにあたり、通常の学級における特別な指導・支援の一つの形態として、今後さらに拡大されていくことが予想される。

(1) 自校で受けられる通級に

　東京都では、小学校は平成28年度から、中学校は平成30年度から通級による指導の拠点校から担当教員が各学校を巡回して指導を行う制度となり、通級が必要と判断された児童生徒は自校で指導を受けられるようになった。このことにより、通級がより身近になり、指導する児童生徒数が著しく増加するとともに、担当する教員の育成が喫緊の課題となっている。しかし、児童生徒にとってみれば指導を受けるにあたり、校内での移動ですみ、教員同士の連携も図りやすくなる、というメリットは大きい。今後、各地でも、通級による指導が自校で受けられるよう計画的に拡大していくことが必要と思われる。

(2) 対象となる児童生徒

　対象となる児童生徒は、学校教育法施行規則第140、141条に規定されているが、発達障害である自閉症、LD、ADHDが半数以上を占めている。弱視や難聴のように比較的、医学的な診断名がつく場合は明確であるが、発達障害や言語障害、情緒障害など、医学的に診断名がはっきり

しない場合もある。その際、診断名だけではなく、状態像をアセスメントする体制が、一層重要である。教育関係者だけではなく、医学的検知や福祉的検知、地域の支援体制も併せて検討する必要がある。

　また、特異な才能のある児童生徒（ギフテッド）やHSC（Highly Sensitive Child）などは、発達障害と区別されているが、当事者の困難さが同様な面もあり、自立活動の内容が有効であれば、通級による指導の対象となり得るのか、検討を深めることも大切である。

⑶　自立活動の内容

　現在、通級による指導の内容は、特別支援学校学習指導要領の領域である自立活動を参考にされている。学習指導要領の改訂とともに発達障害等への内容も充実してきているが、LDの読み書きに関する内容や、ADIIDの行動調整や身体コントロールに関する内容など、まだまだ研究や検証が必要なものもあり、通級による指導の担当者となったら、指導の工夫や情報交換が欠かせない。中学校や高校では、進路や社会的自立にむけた内容も必要となってくる。

　さらに、GIGAスクール構想によって1人1台配置されているタブレット端末等を、通級による指導の時間だけではなく、在籍学級でもどのように活用できるか検討を早急に進めたい。自立活動の内容を在籍学級担任に分かりやすい言葉で説明できるようにしておきたい。

⑷　通常の学級との連携

　通級による指導で指導する内容については、在籍学級の担任とよく連携し、在籍学級での状態から課題を抽出し、指導し、その成果が在籍学級で般化されていかなければならない。通級の担当者とも時間が合わず連携する時間の持ち方の工夫が必要であるが、個人情報に注意しながら、連絡帳やメール等を活用し、通級で指導している内容を共有し合い、児童生徒の変化を確認し合いたい。状態が改善していくことで、通級による指導の終了にもつながっていくので、その時期やゴール設定などにつ

いても本人・保護者を交えて見通しをもつ話し合いも大切である。

(5) 適確なアセスメントに基づく個別の指導計画の作成

　通級による指導を受けている児童生徒は多様である。診断名があったとしても、その生活上や学習上の困難さは様々である。適確なアセスメントに基づいて、指導目標やポイントを定めて、効果的に指導を行っていくことが、今後さらに重要となる。その際、一人でアセスメントや指導計画を作成するのではなく、同僚や専門家、保護者の意見も大切にし、総合的に判断しながら、1単位時間、単元、学期、年間ごととというように、それぞれ評価し、時には計画を修正しながら指導を進めていきたい。

(6) 専門家との連携

　自立活動で指導する内容は、医師や心理職、作業療法士（OT）、理学療法士（PT）、言語聴覚士（ST）、視能訓練士等、多岐の専門家の知見を参考にすることができる。自地域の専門家をよく把握し、個別の教育支援計画等を参考にしながら、連携を図りたい。児童生徒のアセスメントの参考にしたり、指導の工夫をしたり、場合によっては、通級による指導のスーパーバイザーを務めてもらうことも考えられる。地域の教育委員会や教育相談所とともに、様々な外部の専門家とのネットワークを構築し、より専門性の高い指導を目指したい。

(7) 高校での通級による指導

　小中学校での通級による指導は受ける児童生徒数も増加し、様々な実践が積み重ねられてきたが、義務教育段階後の高校における通級による指導が制度化されたのは、平成30年度からであり、まだまだ歴史としても浅い。また、高校生の通級による指導として、自己の適性を把握して進路を考えたり、自己をコントロールする力を高めたりするなど、心理面や社会への出口としての内容等も考えられる。小中学校に比べて、担任の役割や、クラス所属の意識なども変わってくる。どの高校でも通級

制度を理解し、個別の教育支援計画等により中学校との連携を大切にし、支援が継続される校内システムを構築したい。

2 特別支援学級のこれから

多くの学校には、特別支援学級があり、在籍している児童生徒数も増加している。特に、自閉症・情緒障害特別支援学級の在籍者の増加は著しい。交流をしながら、通常の学級とは異なる特別の教育課程を編成することができるメリットを生かした制度をもとに、今後のインクルーシブな教育をさらに進めていきたい。

(1) 小学校と中学校の連続性

特別支援学級の場合、特に教科指導の連続性について配慮したい。学級または児童生徒によって、教科書としているものが、一般図書であったり、文部科学省著作本であったり、通常の学級と同じ検定教科書を使用していたり様々である。当然、一人一人の発達段階や障害特性から皆同じ物を使用しているわけではないが、副教材も含め、児童生徒の段階をよく把握し、その情報を進学する中学校にも伝え、中学校は小学校で学んだことをもとに、指導計画を作成したい。通常の学級では、教科書を見れば学習内容が互いにわかるが、特別支援学級の場合は、当該児童の学習した段階をよく把握した上で、中学校の学習を積み重ねたい。

(2) 特別支援学校との連携及び
卒業後の自立と社会参加に向けた充実

児童生徒の状態によっては、特別支援学校へ転学、進学していく場合もある。また、まだ事例としては少ないが、状態の改善が図られ、特別支援学校から特別支援学級へ、また、特別支援学級から通常の学級へと措置変更をされる場合も考えられる。それらのことが、相談できる体制を整えておくことや、学校としても柔軟に考えること、支援体制を整えることなども、今後考慮していきたい。

また、特別支援学校では、将来を見据えたキャリア教育にも力を入れている。特別支援学級でも、特別支援学校の実践を参考にしながら、卒業後の自立と社会参加を目指した取組を継続的に実施したい。

(3)　教科別の指導、各教科等を合わせた指導

　今回の学習指導要領では、小中学校や高校との学びの連続性を重視した観点から、特に、知的障害のある児童生徒のための日常生活に必要な国語の特徴や使い方（国語）など、各教科の内容の充実が図られた。各教科において、他の校種と同様に育成すべき資質・能力の３つの柱で目標が構成されている。知的障害においては、児童生徒の実態をよく考慮した上で、各教科としての指導と、各教科の内容や目標を十分に理解し、各教科等を合わせた指導を計画的に実施したい。その際、学習評価についても校内で共有理解し、具体的な指標や児童生徒の成長が明確にわかるようなものにしていきたい。

(4)　自閉症・情緒障害特別支援学級の教育課程

　現在では、特別支援学級で学ぶ児童生徒は、知的障害よりも自閉症・情緒障害の方が多くなっている。しかし、教育課程の編成の参考となる特別支援学校学習指導要領では、知的障害や病弱のもので、自閉症だけを扱ったものがあるわけではなく、かなり工夫が必要である。自立活動の指導については解説書に示されているが、教科指導となるとまだまだ実践が不足している。進路先としても、自閉症のみを対象とした特別支援学校は設置されておらず、進路先の不安もある。今後、増加している自閉症・情緒障害特別支援学級の教育課程編成をどのようにしたらよいかは、喫緊の課題である。

(5)　日常的な交流及び共同学習

　交流及び共同学習は実施されてはいるが、その程度は様々である。行事等の特定の時間だけ交流する場合から、かなり多くの時間を通常の学

級で過ごしている場合もある。同じ校内であるから行き来はしやすく、共に過ごせる時間も多くはなると思うが、児童生徒の特性や力量をよく検討し、共に成長することのできる計画的で効果的な交流及び共同学習を実施していく必要がある。

3 通級による指導や特別支援学級の発展のために

(1) 担当する教員の資格や免許

　現在、勤務する校種の教員免許があれば、特別支援学級でも通級による指導でも担当することができるが、やはり、特別支援学校教諭の免許だけではなく、特別支援学級や通級による指導を担当するための免許あるいは、資格のようなものは検討すべきである。

　独立行政法人特別支援教育総合研究所や、都道府県、市区町村レベルで研修は行われているが、担当する教員の増加に追いついていない現状がある。また、大学等で特別支援学校教諭の免許を取得してもそれがなかなか生かされていないこともある。特別支援教育を担当した経験がある管理職も約3割ほどである。特別支援学級や通級による指導のより所となる指針としても、免許や資格、必修研修等を工夫していきたい。

(2) 多様性の理解

　これまで、通級による指導と特別支援学級の視点で記述してきたが、今後のインクルーシブな教育を進めていくには、障害だけではなく多様な人種や文化、考え方があることを、社会全体が受け止めていかなければならない。東京パラリンピックの開催の成果もあり、障害理解という点では進んだ面もあるが、学校の取組としてはまだまだ実践が多いとは言えない。単発で終わってしまう交流や、一部の障害を体験して理解した気持ちになるだけではなく、系統的な活動となることを願う。

山中 ともえ

4

連続した多様な学びの場の一つとしての 「特別な教育の場」の機能の充実②

～特別支援学校における指導の機能の充実～

1 はじめに

　特別支援教育は、障害のある幼児児童生徒の自立や社会参加に向けた主体的な取組を支援するという視点に立ち、幼児児童生徒一人一人の教育的ニーズを把握し、その持てる力を高め、生活や学習上の困難を改善又は克服するため、適切な指導及び必要な支援を行うものである（平成19年文部科学省）。そして、特別支援学校は、視覚障害者、聴覚障害者、知的障害者、肢体不自由者又は病弱者（身体虚弱者を含む）に対して、障害による学習上又は生活上の困難を克服し自立するために必要な知識技能を授けることを目的とする（学校教育法第72条）とある。将来の予測が難しくなっている時代、いわゆる「VUCA」（Volatility：変動性、不安定さ　Uncertainty：不確実性　Complexity：複雑性　Ambiguity：曖昧性）の時代の中で、自立と社会参加を目指し、障害のある人が、学校卒業後、社会の中で力を発揮し、地域の中で豊かな人生を送るためには、これからの特別支援学校（知的障害）の教育がどうあるべきか、二つの視点で考察する。

2 学習環境の整備とICTを活用した自立と社会参加のあり方

(1) 学習環境の整備

　近年、特別支援学校知的障害教育校の在籍児童生徒数は、増加傾向が続いており、今後もこの傾向は続く予想が示されている。令和4年度全国特別支援学校知的障害教育校長会（以下「全知長」という）での調査（回

答数836校）では、普通教室が不足している379件、特別教室等を普通教室に転用して使用している366件、普通教室をパーテーション等で分割して使用している262件との統計結果があり、いずれも、令和３年度より改善はみられるが、教室環境の整備については課題であることは変わらない。学習環境という視点で、普通教室や特別教室等は、児童生徒にとって大切な学びの場であり、様々な学習を効果的に行うための環境でもある。また、GIGAスクール構想の実現のためには、ICT環境を整備し、学校内のどこにいても、ICT機器やタブレット等の端末が活用できるようにしておくことが必要である。全ての特別支援学校で、適切な学習環境を整えることが、特別支援教育を推進する上では重要であり、早期に進めていくべき課題である。

⑵　情報活用能力の育成

　GIGAスクール構想により、児童生徒１人に１台の端末が配備され、授業や指導の中で、効果的に活用することが、教科等横断的な視点に立った資質・能力を育成していくことにもつながっていく。特に、情報活用能力については、情報化時代において身に付けておかなくてはならない能力である。知的に障害のある児童生徒にとっても、タブレット端末やスマートフォン等は生活を支えるツールであり、操作も手馴れている状況が見て取れる。しかし、SNSや検索機能は使えても、正しい情報かどうかを見極めることが難しく、トラブルを起こしたり、巻き込まれたりする事例も相次いでいる。単に、アプリや機能を使いこなせればよいということではなく、利便性と危険性を正しく理解させることが大切である。そのためには、各教科等の年間指導計画や単元計画に位置付ける必要があると考える。教科等横断的な視点から、各学校での指導内容を整理し、情報活用能力の育成を図っていくことが求められる。

⑶　１人１台端末のコミュニケーションツールとしての活用

　１人１台端末については、全国で授業における活用事例が数多くあが

ってくるようになった。基礎から発展まで、習得状況に応じて取り組める
ワークシートの作成や文章化した意見の写し出し、また、授業の最後
の自己評価等、多岐にわたっている。出版物も多く出ているので、ぜひ、
参考にしてほしい。一方で、障害が重度の児童生徒にとっての活用につ
いては、課題と感じている学校は少なくない。そこで、提案したいこと
は、コミュニケーションツールとしての活用である。例えば、授業で活
用した教材を画像や動画として端末に保存し、教室や家庭の中で話題に
できるようにすることである。学校での様子を自分から伝えることが難
しい子供にとっても、そして、周りの人たちにとっても有効なツールに
なり得る。

(4) 教師のスキルアップ

　コロナ禍で、GIGAスクール構想は、オンライン学習を余儀なく進め
ることから一気に進んだ。しかし、教師にとっては、新たな課題にもな
った。学校が時代から取り残されることなく、情報機器を効果的に活用
するための教師のスキルアップは、必要不可欠な要素である。ICTを活
用し、「個別最適な学び」と「協働的な学び」を実現するためにも教師
自らが、ICTスキルの習得を前向きに捉え、活用できる力を身に付ける
ことも求められている。時代の変化とともに、指導方法や教材も進化し
ていく。新たなことを知り、経験することは、いつの時代も変わらない。

3 共生社会の実現に向けた取組と 特別支援教育を推進するための学校経営上の課題

　特別支援教育は、これまでの特殊教育の対象の障害だけでなく、知的
な遅れのない発達障害も含めて、特別な支援を必要とする幼児児童生徒
が在籍する全ての学校において実施されるものである。さらに、特別支
援教育は、障害のある幼児児童生徒への教育にとどまらず、障害の有無
やその他の個々の違いを認識しつつ様々な人々が生き生きと活躍できる
共生社会の形成の基礎となるものであり、我が国の現在及び将来の社会

にとって重要な意味を持っている。特別支援教育に移行されてからは、障害に応じた指導の専門性の向上はもとより、センター的機能としての役割から、小中高等学校との連携も進んできている。小中高等学校の教員にも、発達障害等、支援を必要とする児童生徒への対応についての意識に変化が見られるようになり、各学校において実践事例の積み上げや、特別支援教育コーディネーター（以下「コーディネーター」という）を中心とした校内体制の構築は、現在、必要不可欠となっている。

(1) 特別支援学校のセンター的機能の発揮

地域において特別支援教育を推進する体制を整備していく上で、特別支援学校は中核的な役割を担うことが求められている。その中心的な役割が、コーディネーターであり、特に特別支援学校では、専門性の高い教員を指名し、児童生徒への適切な支援のために、関係機関・者間を連絡・調整し、協同的に対応している。始まった当初は、コーディネーターが小中学校等へ訪問すると、児童生徒の様子を観察して、具体的な支援策を一緒に考える学校もあれば、なかなか受け入れてもらえない学校もあったのは事実である。15年が経過し、ほとんどの小中学校においては、特別支援教育は浸透してきている。一方で、特別支援学校としては、コーディネーターの育成や若手教員が増加する中、専門性を有する教員の育成は急務と言える。

(2) 交流及び共同学習の推進

学校間交流や児童生徒の居住地にある学校との交流（副籍交流）を通して、障害のある子供とない子供が、学習の場を共にする取組も広がってきた。事前に両校の教員での打ち合わせや出前授業を通して、子供同士が交流できる場づくりを行っている。小学校段階では、通常級の児童が、工夫を凝らし、一緒に活動できる内容を考えて交流している事例が多くある。また、副籍交流も、始まった当初は、直接交流よりも間接交流の方が、実態として多くあったが、現在は、直接交流も増えている。

交流では、最初は、緊張した面持ちだったのが、1時間もすればお互い打ち解け、別れを惜しんで涙することもあるほど、子供たちは柔軟に受け入れることができる。共生社会の形成に向けて、若い世代から、同じ場を共有できる時間を作ることは重要な取組である。

⑶ インクルーシブ教育システムにおける学校の取組状況

　全知長の令和4年度の調査からは、小中高等学校との連携、インクルーシブ教育システムの具現化について、学校経営として推進している学校（以下「経営の推進」という）は16.87%、学校経営上の課題としている学校（以下「経営上の課題」という）は21.53%であった。また、交流及び共同学習の促進充実の項目では、経営の推進は32.54%、経営上の課題は14.95%となっている。インクルーシブ教育システムの具現化については、課題と感じている学校数は20%を超えているが、推進している学校数は17%に留まっている。令和4年度の全知長研究大会（九州〔宮崎〕大会）では、群馬県立沼田特別支援学校のインクルーシブな環境を生かした交流教育の内容が発表された。小学校の敷地内に校舎が隣接する形で造られたことから、小学校との交流活動が日常的に盛んであることや各学部と近隣の小中高等学校との交流の具体例の紹介があり、インクルーシブ教育システムの充実がみてとれた。このように、具体的な活動に結びつく、交流及び共同学習は、実績を伴って、着実に積み上がってきていると言える。コロナ禍で、直接的な交流は見合わせる状況ではあったが、オンラインを活用した交流が進んだことも事実である。これは、副籍交流においても、直接交流をオンラインにする事例や間接交流に置き換えて、継続性は保たれている。

⑷ 特別支援教育を推進するための経営上の課題

　全知長の令和4年度の調査では、現在、経営の推進について、高い割合を示している項目としては、「指導力専門性の維持向上、人材育成」84.81%、「キャリア教育の視点での授業づくり」60.17%、「個に応じた

指導・発達障害への対応・教育課程の類型化」52.51％となっている。また、経営上の課題については、「指導力専門性の維持向上、人材育成」85.53％、「個に応じた指導・発達障害への対応・教育課程の類型化」44.83％、「キャリア教育の視点での授業づくり」40.43％であり、人材育成を、最重要課題として、各学校が推進しているという結果になった。理想を掲げるならば、先行きが不透明な今の時代の中で、障害の有無にかかわらず、全ての児童生徒が、地域や社会の中で力を発揮できるようにしていくこと。さらには、共生社会の形成を合言葉に、多様性を認め合い、誰もが安心して暮らせる世の中にするために、特別支援教育の理解と充実は欠かせない。そして、何よりも、特別支援教育を担う人材の育成に中長期的な展望をもって取り組むことが必要である。教育はマンパワーなくしては成り立たない。多様な学びの場で、専門性をもった教員が育成されることで、特別支援教育が目指す、共生社会の形成の基礎が築かれる。

米谷 一雄

5

乳幼児期の支援と就学への支援

1 乳幼児健診における支援が必要な子どもや保護者との早期出会い

　障害の「早期発見」と「早期支援」が当たり前のように言われるが、筆者は「早期発見」という言葉を使わない。「早期発見」という言葉には「早期に改善しなくてはならないもの」というイメージがつきまとう。これは「障害の社会モデル」の考え方になじまない。「早期発見」のかわりに、筆者は「早期出会い」という言葉を使うことにしている。障害に起因する困難さがある子どもや、子育てに困難さを感じている保護者と、多少でも知識や経験のある者が、できるだけ早く出会うという考え方である。障害を発見し改善するという発想ではなく、子どもの生活しにくさをどうしたら軽減できるか、保護者の子育てがどうしたら少しでも楽になるかを、ともに考えることこそが乳幼児期の支援の基本である。

　障害のある子どもやその保護者が、最初に出会う機関は、市区町村の保健センター等の母子保健担当の部局である（図2-5-1）。母子保健において、中心的な役割を果たしているのが保健師である。保健師は、母子健康手帳交付を出発点として、誕生前から保護者へのかかわりを開始している。誕生後は、乳幼児健康診査等でのかかわりのみならず、家庭訪問や電話での相談等で粘り強く継続的に親子にかかわっている。

　1歳6か月児健康診査や3歳児健康診査は母子保健法に規定されており、全ての自治体で実施している。乳幼児健診は、障害の早期発見の場とされがちだが、子どもの生きやすさや保護者の育てやすさの手がかりを見つけることこそが重要である。

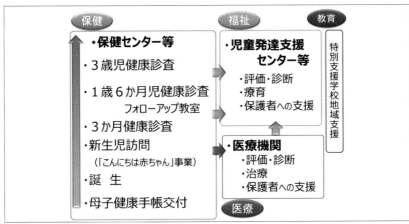

図2-5-1　母子保健の役割と他機関との関係

　たとえば、1歳半健診の面接場面で子どもが大泣きして、やりとりが成立しない、というようなことがあったとする。「早期発見」の考え方からすれば、発達障害等の可能性を考えて、検査を実施するかもしれない。しかし、この場面で必要なのは早期出会いの考え方である。すなわち、初めての人や場所に慣れにくい子どもやその子どもを育てている保護者への共感である。その上で、どのように環境を整え、どうかかわったらよいのか、保護者が安心して暮らすことができるにはどうしたらよいのかなど、子育て支援の発想から共に考えていくことが必要である。

　共に考える場として、健診後のフォローアップ教室がある。フォローアップ教室は、多職種（保育職、保健師、心理職、栄養士や歯科衛生士等）によって実施されている。直接的な「障害に関する相談」ではなく、「好き嫌いが激しい」とか「歯磨きを嫌がる」など「子育てに関する相談」に丁寧に応じながら信頼関係を構築していく。その信頼関係の上に障害に関する相談が可能になり、専門機関への引き継ぎが可能になる。

2 乳幼児期の療育

　乳幼児期の子どもに対して障害に対する支援を専門的に行う場として、障害児通所支援と障害児入所支援とがある。このうち、園に在籍する幼

児が主に利用するのは障害児通所支援で、「児童発達支援」(知的障害や発達障害等が中心)、「医療型児童発達支援」(肢体不自由や重度重複障害が中心)、「保育所等訪問支援」等がある。

　障害児通所支援を実施しているのは、地域の中心となる役割を果たしている「児童発達支援センター」と、より身近な地域で支援を行う「児童発達支援事業所」である。多くの児童発達支援センターには診療部門や地域支援部門が併設されており、通称として「療育センター」や「こども発達支援センター」等の名称で呼ばれている。

　障害児通所支援では、児童福祉法に基づき、一人ひとりの子どもの好きなこと、得意なことを伸ばすことを基本としながら、生活の基本的動作や集団への準備のための支援等を行っている。障害児通所支援を受けるには、自治体の福祉担当窓口で、「障害児通所給付費」支給の申請を行い、「受給者証」の交付を受ける必要がある。受給者証には、受けることができる児童発達支援等の福祉的なサービスの内容や量について記載されており、それに基づいて支援を受けることになる。

　子どもの支援ニーズに応じて、週に2か所や3か所の療育センターや児童発達支援事業所に通う子どもがいる。「併行通園」と言って、たとえば、療育センターや児童発達支援事業所に週2日通い、残り3日を保育所・認定こども園・幼稚園に通うことも行われている。また、保育所等訪問支援は、障害のある幼児が在籍する保育所・こども園・幼稚園等において、療育センターや児童発達支援事業所の職員が支援を実施するものである。子どもの生活場面である在籍園で日頃の様子を知りながら支援を行うことができ、インクルーシブな保育・教育の実現に向けて重要な支援である。なお、保育所等訪問支援の対象は、保育所、幼稚園、認定こども園、小学校、特別支援学校、その他児童が集団生活を営む施設として市区町村が認める施設となっており、「市区町村が認める施設」としては、放課後児童クラブや中学校や高校などが想定されている。

3 就学先決定の手続き

　就学先決定の手続きについては、学校教育法施行令に示されており、2013年に一部改正されたものである。改正前は、障害の程度が基準に当てはまる子どもは、原則、特別支援学校で教育を受けることとしていたが、改正でその「原則」をなくした。また、図2-5-2に示すように、子どもの「障害の状態」だけではなく、「教育上必要な支援の内容」、「地域における教育の体制の整備の状況」、「本人及び保護者の意見」、「専門家の意見」、「その他の事情」を含めた「総合的な判断」によって就学先や学びの場を検討することとしている。さらに、就学先の決定に当たっては、「本人・保護者の意見を最大限尊重」することが明記されている。こうしたこともインクルーシブな教育の実現に向けた重要な取組である。

　図2-5-2の左側にあるように、就学に関する事前の相談・支援において、早期からの本人・保護者への十分な情報提供、個別の教育支援計

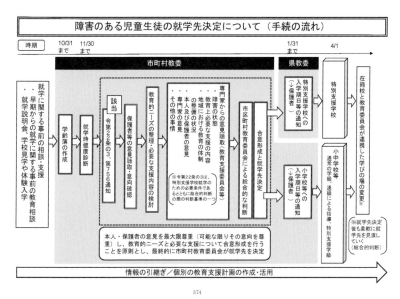

図2-5-2　障害のある児童生徒の就学先決定について(手続きの流れ)(文部科学省初等中等教育局特別支援教育課，2021)

画の作成・活用による支援を行うことが明記されていることも重要である。

　保育所・認定こども園・幼稚園では、入園以来、本人及び保護者と相談しながら、毎年、個別の教育支援計画や個別の指導計画（このような名称ではなくても個別のかかわりを計画したり記録したりするようなしくみも含めて）を作成し、支援を行っている。就学に関する教育相談では、園が作成してきた計画やその計画に基づく支援に関する記録が貴重で重要な資料になる。保護者は、就学に関する教育相談以前に、様々な悩みに直面し、相談をし、判断をすることを繰り返している。その繰り返しは「親子の歴史」と言うべきものであり、尊重することが求められる。相談に当たる者が、「親子の歴史」を尊重することや、本人及び保護者の思いや願いを丁寧に聞き取ることによって、本人及び保護者と相談に当たる者との信頼関係が確かなものになると考えられる。

４ 「架け橋期」（幼児期から就学期）の支援をつなぐしくみ

　乳幼児期に始まった支援を、生涯を通して記録できるファイルを作成、活用している自治体がある。「相談支援ファイル」「就学支援シート」「サポートファイル」等の名称で呼ばれているものである。こうしたファイルには、保護者の思いや願いはもちろん、親子にかかわった人たちの具体的な支援内容や方法、そして思いが記されている。保護者にとって、生育歴を聴取されることほど嫌なことはないと言われている。しかし、こうしたファイル等があれば、生育歴は既に記載されているため、相談担当者はそれを熟読して、共感的に保護者に確認することができる。

　このように、親子にかかわる様々な人や機関がファイルに記載された内容を共有することは、保護者の安心にもつながる。特に就学先決定に関する教育相談での活用は重要である。

　国立特別支援教育総合研究所（2023）は、就学先決定にかかる特色ある取組を自治体への訪問調査で報告している。中でも、島根県松江市の実施している教育分野以外の福祉・医療等の関係機関を巻き込んだ相談

体制の構築や、札幌市の幼保小連携推進協議会における小学校に就学後のフォロー体制の充実は、実際の就学先決定後に柔軟に転学や学びの場の変更に対応するためには大切な取組であると考えられる。

　また、研究全体を総括する形で、子どもや保護者が安心して就学を迎えるための要点を以下の6点に整理し、提言した。

1　乳幼児期から就学期まで、関係機関の連携により切れ目ない支援が実現している
2　教育委員会が乳幼児期から親子にかかわるしくみがある
3　保育所・認定こども園・幼稚園と小学校の支援とをつなぐしくみがある
4　就学に関する手続きや小学校の生活や学びに関する情報が十分に提供され、子どもや保護者が見通しを持つことができる
5　就学後の学びの場の変更が柔軟になされる
6　外国につながりのある親子については、上記1から5に加えて、親子が理解できる言語を用いた実態把握や情報提供がなされる

　乳幼児期の保護者は揺れ動きながらも、懸命に子育てを続けている。また、様々な人や機関がそうした「親子の歴史」を尊重し、思いを持って親子にかかわっている。学齢期以降にかかわる人々が、子どもに関する情報だけではなく、保護者やかかわる人々の思いも受けとめた支援を行うことを願いたい。それこそが本当の意味での切れ目ない支援である。

〔文献〕

国立特別支援教育総合研究所（2023）令和3・4年度重点課題研究「障害のある子どもの就学先決定手続きに関する研究」研究成果報告書
文部科学省初等中等教育局特別支援教育課（2021）障害のある子供の教育支援の手引：子供たち一人一人の教育的ニーズを踏まえた学びの充実に向けて

久保山 茂樹

6

安心して学べる学習環境と
生涯学習への支援

1 安心・安全な学習環境の構築に向けて

　障害の有無に関わらず、子どもたちが心身ともに健やかに育つことは全ての人々の願いである。そのために、子どもたちが多くの時間を過ごす学校は、子どもたちの安全の確保が保障された場である必要がある。

　障害のある児童生徒等への安全教育を進めるにあたっては、障害の状態や各学校の設置の状況によって、より工夫と配慮、そして連携が求められる。

(1) 安全教育

　障害のある児童生徒が通う特別支援学校や特別支援学級における安全教育の目標は、「児童生徒等の障害の状態や特性および発達の程度等、さらに地域の実態等に応じて、安全に関する資質・能力を育成すること」とされている（文部科学省, 2019）。

　また、安全教育の内容は、生活安全、交通安全、災害安全の3つに整理されている。近年、スマートフォンやSNSの普及に伴うインターネットの利用による犯罪被害が後を絶たず、障害のある児童生徒もその被害者として例外ではない。また、学校における活動中の事故だけではなく、登下校中に事件・事故に巻き込まれる事案等、従来想定されなかった新しい危険事象への対応についても安全教育を通じて取組んでいく必要がある。

(2) 防災教育

　障害のある児童生徒等の場合、例えば災害発生時には以下のような情況に陥りやすい（表2-6-1）。そのために、大人（保護者や教職員等）は、一人一人の障害の状態を把握することはもちろんのこと、障害のある児童生徒等も、自分の障害の状態や特性等を理解して、災害時に慌てずに行動できるよう指導していくことが重要である。特に訓練等においては複数回実施して経験を重ねること、避難経路やとるべき行動について理解しやすい図等を準備して、それらを手がかりにしながら落ち着いて行動できるようにしておく。特に保護者や医療関係者とは発生時の対応を前もって検討しておくこと、放課後等デイサービス等とは災害時の連絡方法について確認しておくことが大切である。

表2-6-1　障害のある児童生徒が事故等発生時に陥りやすい支障例

支障の要因	具体的な支障例
情報の理解や意思表示による支障	「情報の理解・判断に時間がかかる」「自分の意思を相手に伝えることの困難さがある」等
危険回避行動及び避難行動による支障	「危険への気づきへの困難さがある」「危険時に慌てて行動してしまう」等
非日常への適応による支障	「経験したことの無い場所・人への適応」「感情のコントロール」等

2 健康に関する指導の充実

(1) 知的障害特別支援学校における学校体育

　障害のある人たちの中でも特に知的障害のある人は、知的機能に代表される諸機能の発達遅滞とともに、心身の健康問題が長年指摘されてきた。特別支援学校在籍中は、健康のために必要な基本的生活習慣（運動、栄養、休養・睡眠）が確保されている。特に週日課の中に帯状に位置づけ

られている運動の時間は、運動習慣の形成を目指して相当な時間をかけて取組まれている。しかしながら、卒業後は既存の慢性疾患に加えて肥満や生活習慣病（高脂血症、高血圧、糖尿病）といった二次的な健康問題を抱えやすい。こうした状況から、知的障害がある児童生徒において特別支援学校での運動との関わりが必ずしも卒業後の運動習慣に結び付いていない可能性がある。

(2) 高等部生徒の実態と課題

　近年、知的障害特別支援学校に在籍する児童生徒の障害の程度は重度から軽度まで多様化しており、中でも高等部に通う軽度知的障害生徒の割合が増加している。彼らは他の高校生と同様に心身の発育発達が著しく、性的な成熟も進み、自我意識も高まってくる。一方で食生活などの生活習慣が乱れたり、様々な健康情報や性・薬物等に関する情報の入手が容易になったりと、大きく生活や環境が変化する時期を迎えている。また、多くの生徒が高等部卒業後に企業（障害者雇用枠）等に就職し、社会人として職業生活を送ることを鑑みれば、高等部在籍中に自身の健康課題は何かを見つめなおし、その課題解決に向けて自ら取組み、生涯にわたり健康を保持増進するための資質・能力の基礎を育成することが大切である。

(3) ヘルスリテラシーの醸成

　近年、地域保健、医療、福祉の研究者や関係者を中心に、健康教育の新しいキーワードとして「ヘルスリテラシー」が注目されている。
　Nutbeam（2000）は、ヘルスリテラシーについて、「よい健康状態を推進して維持させられるような、情報にアクセスし、理解し、利用するための個人の意欲と能力を決める認知的社会的スキル」と定義している。知的障害のある人は、自身の健康への意識が低いとされ、健康の保持増進に向けて具体的な行動をとっていくためには、本人の意思決定が何より重要である。つまり、ヘルスリテラシーが提唱する「健康に関する情

報を探し、理解し、活用する力」を醸成していくことは、まさに現行の学習指導要領が掲げる「育成を目指す資質・能力」とも相通じるであろう。

3 高等部卒業後の生涯学習につながる指導・支援の充実
～障害者スポーツ、文化活動の普及と発展を例に～

　これからの特別支援教育はどうあるべきかというテーマを考えていくにあたり、卒業後の生涯学習や余暇支援は欠かせないキーワードである。生涯学習につながる指導・支援を充実させていくために、特別支援学校ではどのような教育を行っていったらよいだろうか。ここでは、障害者スポーツ及び文化活動の普及と発展を例に考えていきたい。

(1)　障害者スポーツ

　障害者スポーツとは、身体障害や知的障害などの障害のある人が行うスポーツのことで、既存のスポーツを障害のある人も楽しめるようにアレンジしたものや、障害のある人のために独自に考案されたものとがある。東京2020パラリンピック競技大会は、私たちの生活に様々なレガシー（遺産）を残したと言われているが、特に障害者スポーツが共生社会創出のツールとなった事例は見逃せない。

　学校教育現場においては、東京2020パラリンピック競技大会に向けて「パラリンピック教育」が提唱、実践されてきた。パラリンピック教育では、パラリンピック採用スポーツ種目を子どもたちに体験させるだけでなく、「パラリンピックが目指す価値」（スポーツを通じた共生社会の実現）に基づいて、「障害理解」「共生社会」「インクルーシブ社会」等についても併せて教育が行われ、その効果が検証されている。

　さらに、特別支援学校と近隣の小中高等学校の児童生徒の交流及び共同学習が促進される、学校という枠組みを超えて地域社会でも展開される等、数多くのグッドプラクティスが創出され、他の学校や地域での横展開が図られた。

こうしたパラリンピック・ムーブメントを一過性の活動にせず、引き続き学校教育現場で取り組まれることで、より多くの障害のある人たちが運動やスポーツの楽しさや喜びを享受できることを願いたい。

⑵　文化活動

　平成30年6月13日、我が国では、「障害者による文化芸術活動の推進に関する法律」が公布、施行された。この法律は、障害のある人が文化芸術（音楽、映画、絵など）を鑑賞・参加・創造するための環境整備や、そのための支援を促進することを目的としている。具体的には以下のような取り組みがすすめられている。
　　・文化芸術の鑑賞・創造の拡大　　・作品を発表する機会の増加
　　・芸術上価値が高い作品の保護や評価　　・相談体制の整備や人材育成
　　・施設のバリアフリー化　　・文化芸術活動を通じた交流の促進　　等
　これまでも、特別支援学校では子どもたちの作品等を発表する機会を設けてきたが、今後は子どもたちの芸術・創造活動の充実や向上がより一層図られることが期待されている。
　図2-6-1は、特別支援学校の児童生徒と地域住民が文化芸術活動を通じて交流する実践である。現行の学習指導要領が掲げる、社会に開かれた教育課程の実現を具現化する好事例と言える。
　以上、障害者スポーツと文化活動の2つの事例は、いずれも教育施策とスポーツ施策、福祉施策、労働施策等を連動させながら支援している点、学校教育を学校内に閉じずに「社会に開かれた教育課程の実現」を目指し取組んでいることに共通点がある。
　障害のある人たちが、学校卒業後も生涯を通じて教育や文化、スポーツなどの様々な機会に親しむことができるようにするためには、社会の状況を幅広く視野に入れ、子どもたちの特性に合わせて学びや活動の提案をしていくことが大切である。また、日頃から地域のリソースを活用する経験を積み重ね、子どもたちが社会と繋がりをもちながら学べる環境について、学校と地域が連携・協働して作り上げていくことが重要で

図2-6-1　ふれあいアートギャラリー at 善福寺川（杉並区立済美養護学校）

ある。

　以上の取り組みを通して、障害のある人たちの個性と能力の発揮及び社会参加の促進、生涯にわたる豊かな生活の実現を目指していきたい。

〔文献〕

文化庁（2018）障害者による文化芸術活動の推進に関する法律の施行について（通知）
https://www.bunka.go.jp/seisaku/bunka_gyosei/shokan_horei/geijutsu_bunka/shogaisha_bunkageijutsu/1406260.html〔2023年8月29日最終閲覧〕

文部科学省（2019）学校安全資料「生きる力」をはぐくむ学校での安全教育.学校安全の意義，p.7

Nutbeam, D.（2000）Health literacy as a public health goal: a challenge for contemporary health education and communication strategies into the 21st century. *Health Promot Int*, 15（3）, pp.259-267

渡邉　貴裕

7

本人参画の基礎となる意思決定の支援

　当然のことではあるが、ある人の暮らしに関することを決める際、その人の意見をまったく聞かず勝手に方向性を決めるような失礼は許されない。希望どおりになるか否かはさておき、意向を確認するのは当然のことだろう。

　しかし、知的・発達障害のある人や子ども（以下、適宜に「知的障害児」「知的障害者」という。）の場合は、長らく住まいの場や通う場など、暮らしの根幹ともいえる事項でさえ（暮らしの根幹だからこそ）本人の意向に関係なく決められてきた歴史があった。もちろん、以前は障害福祉サービスも未整備で、選ぼうにも選べない実情があったことは事実であり、残念ながら現在も改善したとは言いがたい面はある。しかし、他方で筆者は教育現場において知的障害児の発達段階に応じた「決める体験」「決めた結果を受け止める経験」が十分に提供されているかどうか、検証が必要ではないかと感じている。

　ここでは、本人参画の基礎となる意思決定の支援について、主に国連の「障害者の権利に関する条約」（以下「権利条約」という。）で示されている「意思決定支援」の考え方を柱として、教育場面における意思決定支援の重要性を探ってみたい。

1 障害者権利条約と意思決定支援

　権利条約は平成18(2006)年12月に国際連合で採択された国際条約であり、障害者の人権や基本的自由の享有を確保し、人として固有の尊厳を尊重するため、障害者の権利（基本的人権）を保障するための措置等を規定している（外務省，2023）。平たくいえば、障害者は1人の「人」で

あり、それゆえ当然に守られるべき基本的人権を有しているわけで、そうした基本的人権については障害の有無で差異を設けてはならないということを謳っている条約といえよう。我が国は平成26(2014)年1月に条約を批准（条約の仲間入り）しており、法的には憲法に準じる位置づけとなっている。

　権利条約第12条（法の下の平等）では、他の者と平等に法的能力を享有することを前提に、障害者の意思及び選好を尊重することを規定していることから、現行の成年後見制度（以下「後見制度」という。）が、とりわけ後見類型を中心に代理・代行的な決定を基礎としていることを課題視しており、障害者の意思及び選好を尊重することを求めている。また、第19条（地域生活）ではどこで誰と生活するかを「選択する」機会の確保を定めており、第20条（移動）でも「自ら選択する」方法で移動できることなどを規定している。総じて障害者が自身の意思で暮らし方や住まいぶりを選び取る方向を重視しており、当然ながら自分一人で何かを決めることに困難がある障害者の場合には、意思決定を支援することが求められる。

　なお、権利条約には施策の実施状況を国連がチェック（審査）する規定があり、我が国は令和4(2022)年8月に初回審査を受け、その結果が同年9月に公表されている。その中で第12条関係では「意思決定を代行する制度を廃止する」「全ての障害者が、法律の前にひとしく認められる権利を保障するために民法を改正する」「障害者の自律、意思及び選好を尊重する支援を受けて意思決定をする仕組みを設置する」といった勧告が示された。国連としては現行の後見制度（少なくとも後見類型）は「意思決定を代行する制度」なので廃止が適当としており、代わりに全ての障害者の自律、意思及び選好を尊重する支援を受けて意思決定する仕組み（本稿のキーワードである意思決定の支援）の構築を求めたわけだ。そして、我が国の法曹界はこの勧告を重く受け止めており、後見制度（民法）を所管する法務省も運営に関与する形で「後見制度の在り方に関する研究会」(2023)という研究組織が立ち上げられている。同研究

会では現行の後見制度を前提とせず、民法改正も視野に入れた議論が展開されており、現時点では「適切な時機に必要な範囲・期間で利用する」制度、すなわち「スポット利用」を可能とする制度へ見直す可能性が高まっている。現行制度が「いったん後見制度を使うと、本人が死亡するまで利用が続く」仕組みであることを考えると、相当に思い切った制度改正になることが予想される。ただ、逆にいえば「人生の大半は後見制度を使わずに暮らす」こととなるため、重度知的障害者も含めて、本人の意思決定および意思決定の支援がますます重要となってくる。そうなると、障害の有無に関わらず、ある日急に意思決定できるようになるわけではないわけで、年齢に応じた体験・経験を積み重ねていくことが不可欠であり、学校の役割が非常に大きくなるわけだ。

2 意思決定支援とは何か

　以上を踏まえ、次に意思決定支援とは何かについて整理する。言葉を分割すれば「意思」を「決定」するための「支援」ということなり、まずは「意思を決定する」とはどういうことなのかを掘り下げてみたい。

　意思決定支援に関わる研究者の大半が、意思決定とは「体験・経験」を基礎として、決定に必要な「情報の取得・活用」をすることで内面的な決定を導き、それを「表出・実行」することで完結する一連の行為であるとしている（一例として、近藤, 2017）。つまり、意思決定とは大きく３つのステップに分けて考えることができる。それぞれのステップと、とりわけ知的障害児者の場合に課題となる点を表２-７-１にまとめた。

　端的には表２-７-１の各ステップで障害を背景とした困りごとが生じた際に支援することを「意思決定支援」と呼ぶわけだが、知的障害児の障害状況を考えると、ステップで分ければ多くの場面で支援が必要であることが理解できるはずだ。しかし、残念ながら実際には教育現場に限らず、障害児者福祉サービス事業所や家庭などにおいても十分な意思決定の支援が行われているとはいいがたい。なぜだろうか。

　学校教育場面に関しては、まず学習指導要領に基づく教育を実施しな

表2-7-1　意思決定の3ステップと知的障害児者における課題（筆者作成）

ステップ	具体的内容	知的障害児者における課題
ステップ1	決定を下支えする十分な体験や経験（決定する経験）があり、決定の先にあるものを見通せる	年齢相応の「決める」体験や経験が保証されていないことも多い
ステップ2	決定に必要な情報を入手し、理解統合した上で適切に保持記憶し、比較・活用することができる	本人が理解できる形で情報提供されておらず、一般的に情報処理が苦手
ステップ3	決定した意思を外部に表出し、必要に応じて実行することができる	言語以外の方法で意思表出するケースも多く、決定後の実行支援も不十分

ければならないことから、意思決定の支援を最優先事項としにくい事情はあろう。ただ、前述の意思決定にまつわる知的障害児者における課題が見過ごされがちな理由は、もっと構造的なところにある。それは、「意思決定のステップを分けて考える機会がほとんど存在しない」ということだ。

　当然ながら意思決定そのものは障害の有無に関係なく日常生活の中に分かちがたく埋め込まれているものであるから、我々の暮らしは意思決定によって成り立っているとさえいえる。起床後に朝食を食べるかどうか、食べるとしたらパンか米飯か、飲み物はお茶か牛乳かコーヒーか……取るに足らない日常の一場面ではあるが、そこには間違いなく「意思決定」が介在しているわけだ。

　さて、そのような状況が日常的に続いていくと、どうなるだろうか。何かを意思決定をするたびに「意思決定の3ステップ」を意識するだろうか。答えは否であろう。もちろん、それ自体はやむを得ない。意思決定のたびに3ステップを確認などしていたら、間違いなく生活が破綻してしまう。それゆえ、知的障害ではないとされる人たちは、意思決定の体験経験が積み上がった領域については「まるで呼吸するがごとく」意

第2章　インクルーシブ教育システムの充実に向けて

57

思決定するようになり、やがて、それは生活に関する大部分の領域に及ぶこととなる。

　そして、ここまでくると「意思決定についてステップで分けて支援の必要性を探る」というよりも、「その事象を決められるかどうか」に力点が置かれるようになってしまいがちだ。これこそが意思決定の支援を身近に感じられない最大の理由であり、逆にいえば、このことを意識するだけで「この子に難しい意思決定は無理」「どうしてこんなことも決められないのか」という受け止めから、「どのステップで困っているのか」「決められるようにするにはどうすれば良いか」という関わりに変容していく可能性があるともいえるだろう。

３ 本人参画の基礎となる意思決定の支援

　本人参画の基礎となる意思決定という意味で、印象に残る学校での取組事例をご紹介したい。

　重度知的障害のＡさん（言語は単語中心、表情で感情を表すことが多い）が通う特別支援学校では、給食時に水と緑茶、そして自立課題でドクダミ茶づくりに取り組んでいることから、ドクダミ茶を用意していたが、Ｂ教員は重度知的障害のＡさんが飲み物を選ぶことは難しいだろうと判断。保護者から自宅では基本的に水しか飲んでいないことを確認して、常に水を用意していた。

　ある日Ａさんがドクダミ茶の容器に興味を示したことから、試しに水ではなくドクダミ茶を勧めてみたところ、苦みを感じたのか少し表情を変えたものの、水よりも意欲的に飲み干した。これを見たＢ教員は本人の意向を確認せずに保護者からの情報だけで水を用意していたことを反省し、翌日は初めからドクダミ茶を用意して差し出した。ところが、Ａさんは顔をしかめて「ヤダ」と断る素振りを見せた。Ｂ教員は驚き、昨日はよく飲んでいたのになぜだろうと疑問に感じて筆者に状況を教えてくれた。

　これはどういうことなのだろうか。筆者が考える限りとなるが、Ａさ

んは純粋にドクダミ茶（もしくは容器）への関心があり、その関心に気づいて差し出してくれたB教員への手前もあり、初めてのドクダミ茶を飲んでみたのではないか。ところが思ったよりも苦かったため、その日は「付き合い」で飲み干してみたものの、実際に体験経験を積んだ結果として飲みたくないという意思決定がなされるようになり、翌日には明確なNOを表明したのではないだろうか。本書をご覧の皆さまには釈迦に説法とは思うが、知的障害児者の「場を読む力」は強いものがあり、教員が勧めることはとりあえず受け入れてみようとする傾向が強い。その意味では、初回の推奨に対するリアクションというよりも、２回目３回目の推奨に対するリアクションこそが、体験経験を積んだ上での意思決定といえるのではないだろうか。「前回は積極的だったのにどうして今回は拒否的なのか」と考えがちなシチュエーションでは、こうした視点も必要ではないかと思われる。

　子どもにとって学齢期とは、障害に有無に関わらず年齢相応に「決める」体験や経験を積み上げ、社会の一員として主体的に参画する大切な準備期間だ。特に知的障害児は一般的に類推や想像といった情報処理が苦手であり、実体験を積み重ねていく必要がある。特別支援教育の現場において意思決定の基礎となる十分な体験や経験（決定する経験）が保障され、１人でも多くの知的障害児者が当たり前に「自分のことは自分で決める」ようになることを願ってやまない。

〔文献〕

外務省（2023）障害者の権利に関する条約（略称：障害者権利条約）（Convention on the Rights of Persons with Disabilities）
　　https://www.mofa.go.jp/mofaj/gaiko/jinken/index_shogaisha.html〔2023年9月20日最終閲覧〕
後見制度の在り方に関する研究会（2023）
　　https://www.shojihomu.or.jp/list/seinenkoken〔2023年9月20日最終閲覧〕
近藤益代（2017）障害者福祉領域における意思決定支援に関する一考察：障害者権利条約に基づく理論分析,『最新社会福祉学研究』12

又村　あおい

8

国際的潮流の中での
我が国の特別支援教育

1 国際連合障害者権利委員会による
日本の第1回政府報告に関する総括所見

　2022年9月9日に、国際連合障害者権利委員会から日本の第1回政府報告に関する総括所見が出されている。外務省（2022）の仮訳によれば、「医療に基づく評価を通じて、障害のある児童への分離された特別教育が永続していること。障害のある児童、特に知的障害、精神障害、又はより多くの支援を必要とする児童を、通常環境での教育を利用しにくくしていること。また、通常の学校に特別支援学級があること。」に懸念が示されており、「国の教育政策、法律及び行政上の取り決めの中で、分離特別教育を終わらせることを目的として、障害のある児童が障害者を包容する教育（インクルーシブ教育）を受ける権利があることを認識すること。」、「全ての障害のある児童に対して通常の学校を利用する機会を確保すること。また、通常の学校が障害のある生徒に対しての通学拒否が認められないことを確保するための『非拒否』条項及び政策を策定すること、及び特別学級に関する政府の通知を撤回すること。」などが障害者権利委員会から勧告された。

　上記には、特別教育（special education）、通常の学校（regular schools）、特別学級（special classes）、特別支援学級（special needs education classes）などの用語が使われており、用語の統一性がみられない。それは、我が国の外務省の訳の問題だけではなく、障害者権利委員会側の英語文にも統一性がないことも指摘できる。本来、日本国憲法26条で書かれている普通教育のなかには、特別支援学校による教育など特別支援教育も含ま

れており、障害者権利条約における、教育制度一般（general educational system）の中にも、特別支援教育が含まれるからこそ、我が国が、障害者権利条約を批准することができていると考えられる。これは、中央教育審議会初等中等教育分科会特別支援教育の在り方に関する特別委員会（2010）の参考資料においても、『「general education system」には特別支援学校が含まれると解される』と書かれている。

さて、我が国では、2007年度より、特別支援教育を本格的に実施したのであるが、2001年の省庁再編の時に、文部省特殊教育課は、文部科学省特別支援教育課と名称が変更している。また、2007年より、盲・聾・養護学校は、特別支援学校となり、障害種別からの脱却と、地域における特別支援教育のセンター化が目指されている。そして、特殊学級も、特別支援学級と名称変更がされている。つまり、障害種別ごとに分かれていた特殊教育から、障害がある子どものニーズに応じた教育を目指す特別なニーズ教育としての特別支援教育が2007年より始まっている。

また、我が国の特別支援教育の英語訳は、Special Needs Educationとなっており、文部科学省の特別支援教育課や、国立特別支援教育総合研究所の英語名も、Special Needs Educationを用いている。

そもそも、インクルージョンや、インクルーシブ教育とは何かと言えば、Education for Allとして、インクルージョンの原則を謳ったUNESCO（1994）のサラマンカ宣言の正式名称が、「特別なニーズ教育における原則、政策、実践に関するサラマンカ声明」であるように、インクルーシブ教育とは、障害の有無に関わらず、一人ひとりの教育的ニーズに応じた教育を目指す特別なニーズ教育のことだと考えられる。障害を理由として、適切な教育から排除されないことを目指した考え方であり、ただ、統合教育（インテグレーション）が、場だけの統合としてダンピングと批判されたこともあったのに対して、質の保障も担保されなければならない。質の保障に関しては障害者権利条約でも謳われている。また、国際連合のSDGs（持続可能な開発目標）においても、「Goal 4. Ensure inclusive and equitable quality education and promote lifelong learning opportunities for all（目標4.すべての人々への包摂的かつ公正な質の高い教育を提供し、生涯学習の機会を促進する：外務省仮訳）」（外務省, 2015）とあるように、"inclusive education"、"equitable quality education"、"education for all"と上記のキーワードが含まれていることも重要な点であると考えられる。

　世界においては、障害を理由に教育の対象から外れ、福祉施設の対象となっている国も少なくない。我が国は、1979年に養護学校の義務化を達成し、障害の有無に関わらず、すべての子どもが教育の対象となっている。

　しかし、我が国の特別支援教育の対象は、障害がある幼児、児童、生徒となって限定されているため、障害があるなしに関わらずニーズに応じた教育を目指す、本来のインクルーシブ教育とは、そこが大きな違いであることが指摘できる。また、2007年以来、特別支援学級や、特別支援学校に在籍する子どもの数が増えていることに関しても、本来は通常学級が対象である、学習障害やADHD等の児童生徒が、特別支援学級や特別支援学校に在籍する数が増加していることなどもあり、総括所見に対して、我が国が真摯に課題として検討していかなければならないことは当然である。その一方で、我が国が、2007年より特別支援教育の本格的実施を行い、特別なニーズ教育・インクルーシブ教育をすすめていることもしっかりと主張すべき部分であるとも考えられる。

2 諸外国の動向

(1) 各国の特殊学校・特別支援学校の割合

　独立行政法人国立特別支援教育総合研究所インクルーシブ教育システム推進センター（2020）は、諸外国の各学びの場における障害や特別な教育的ニーズのある子どもの割合をまとめている。我が国は、2018年に特別支援学校で学んでいる児童生徒は0.7％となっている。

　さて、イタリアは特殊学校・特別支援学校がないため2009年の参考値

として0%であり、韓国は2019年で0.4%、アメリカ合衆国は2016年で0.5%と日本より少ないが、オーストラリアとフィンランドは2018年で0.7%と日本と同じレベルであり、スウェーデンは2018/2019年のデータで1.0%、イギリスは1978年に「特別なニーズ」という言葉が使われたウォーノック報告が提出されている国であるが、2019年は1.4%の児童生徒が特殊学校・特別支援学校で学んでいることが報告されている。

　また、European Agency for Special Needs and Inclusive Education（https://www.european-agency.org/）では、ヨーロッパ31カ国（36の地域）のインクルーシブ教育の状況が掲載されており、細かい情報を知ることができる。ISCED（International Standard Classification of Education）のレベル１、２（初等教育と前期中等教育）の合計において、2020/2021のデータでは、ノーマライゼーションの発祥の地であるデンマークでは、2.0%の子どもが通常学校とは別の学校、つまり特殊学校・特別支援学校で教育を受けている。また、同様に北欧であるノルウェーは0.23%、フランスは0.57%であり、ドイツは3.12%の児童生徒が特殊学校・特別支援学校で学んでいることが示されている。

　以上より、各国において、インクルーシブ教育のあり方は様々であり、詳細は紙面の関係上まとめられなかったが、通常学校内の特殊学級、特別支援学級で学ぶ児童生徒数が多い国も特徴的である。つまり、我が国だけが特別支援学校で教育を受けている子どもたちが多い訳ではないことがわかる。

⑵　各国の総括所見

　国際連合障害者権利委員会の各国に対する総括所見は、国際連合人権高等弁務官事務所のホームページ（https://www.ohchr.org/）で公開されている。また、内閣府（2017）は、「平成29年度障害を理由とする差別の解消の推進に関する国外及び国内地域における取組状況の実態調査報告書」を報告しており、各国における障害者権利委員会審査状況を分析している。イギリスにおいては、障害者権利条約24条の教育に関する部

分に対して、留保しており、その留保を取り下げることや、インクルーシブ教育を強化することが求められている。同様にドイツに対しても、インクルージョンを促進するためにも、分離された学校を縮小していくことが勧告されている。また、スウェーデンに対しても、通常学校において、障害があるすべての子どもたちのインクルージョンを保証し、必要とされる支援をすることなどを求めている。

　一方、特別支援学校に在籍する児童生徒が比較的少ないノルウェーに対しては、教育における障害に基づく差別を明確にカバーし、アクセスしやすく効果的な苦情処理のメカニズムを提供するために、差別禁止規定を強化することなどが求められている。また、フランスにおいても、分離された教育環境にいる障害がある子どもたちの数が多いことが懸念されており、居住型医療福祉施設や、通常学校における分離された教室で学んでいることが、スティグマや排除を永続させていると指摘されている。そして、特別支援学校がないイタリアにおいても、通常学級や通常の学校で学んでいる障害がある子どもの教育やインクルージョンの質を測定するデータや指標がないことを懸念されており、インクルーシブ教育の質を改善するためにも法律などの実施をモニターする行動計画を実施することを勧告されている。また、聴覚障害がある子どもが要求をしても学校内で手話通訳を提供してもらえないことが懸念されており、一般的なコミュケーションの補助者しか選べないことが止められるように、質の高い手話通訳者を提供することが勧告されている。

　これらからもインクルージョン・インクルーシブ教育は、簡単に実現ができるものではなく、どの国においても、人類に共通した大きなチャレンジだと考えることができる。

3 まとめ

　各国のインクルーシブ教育への取り組みについてまとめた。インクルージョンは、近年、Diversity、Equity & Inclusionと、多様性と共に使われている。誰もが同じではなく、誰もが違ってよく、誰もが多様であ

ることがインクルージョンの本質である。そうであれば、学び方も多様性が認められるべきである。学習指導要領によらなくてもいい不登校特例校が「学びの多様化学校」と名称変更され、通信制の高等学校は、発達障害があるとされる生徒や不登校を経験した生徒の受け皿となっている。さまざまな学び方が尊重される中で、特別支援学級や特別支援学校も多様な学びの場の一つとして尊重されるべきであろう。障害の有無に関わらずに、個人のニーズを大切にすることがインクルージョンではないだろうか。

〔文献〕

独立行政法人国立特別支援教育総合研究所インクルーシブ教育システム推進センター（2020）諸外国におけるインクルーシブ教育システムに関する動向：令和元年度国別調査から

外務省（2015）我々の世界を変革する：持続可能な開発のための2030アジェンダ（仮訳）

外務省（2022）障害者の権利に関する条約

内閣府（2017）平成29年度障害を理由とする差別の解消の推進に関する国外及び国内地域における取組状況の実態調査報告書

特別支援教育の在り方に関する特別委員会（2010）general education system（教育制度一般）の解釈について

UNESCO（1994）サラマンカ宣言

西永 堅

第 **3** 章

児童生徒への指導・支援 の充実に向けて

1

通常の学級における
「特別」ではない支援教育
～ユニバーサルデザインの実践的展開～

1 通常学級の「特別」ではない支援教育～ユニバーサルデザイン～

(1) 誤解されやすい「発達障害」

　「教科書36頁を開いて、問題の４番をやります」と指示すると、「先生、何て言ったのー？」と問い返す子どもの姿が見られる。努力してもうまく聞き取れないのだ。聴覚的な記憶の箱が小さく、一度に二つの指示（36頁を開く＋４番を見る）がうまく入らない。さて、その子どもに「話を聞いてなさい！」と注意をくり返しても問題は解決しない。聞く努力をしてもうまくできない子どもへの注意が繰り返され、その子どももしだいに意欲を失うか反発する。

　これは、「努力不足」として誤解される事例の典型であり、「見方を変えて、支援を変える」必要がある。例えば、先の一文二動詞の指示ではなく、「36頁を開きます」「問題４番です」と一文一動詞の指示に変える。その指示の仕方は、発達障害等により聴覚記憶の箱が小さい子どもには「ないと困る支援」である。同時に、一文一動詞の指示にはメリハリがありどの子どもにも聞き取りやすい「あると便利で・役に立つ支援」になる。これが通常学級ユニバーサルデザインである。

(2) 通常学級ユニバーサルデザインの求め

　小中学校で学習面又は行動面で著しい困難を示すとされた子どもの割合が約8.8％と報告（文部科学省，令和４年12月）された。この現実は、「特別」で「個別」な支援教育の前にまず、日常の学級・授業づくりで実践

できる「通常学級担任による・通常学級担任のための・通常学級担任の『特別』ではない支援教育モデル」の必要性を強く示唆する。

〈通常学級ユニバーサルデザインと合理的配慮〉

①　発達障害等を含む配慮を要する子どもには「**ないと困る支援**」であり

②　どの子どもにも「**あると便利で・役に立つ支援**」を増やす。

③　その結果として、**全ての子ども**のたちの過ごしやすさと学びやすさが向上する。

④　上記の努力をしても及ばない場合には、個別に「合理的配慮」を提供する。

本稿では、上記の視点を踏まえたユニバーサルな学級経営と授業づくりのポイントを具体的に検討したい。

2 学級経営ユニバーサルデザインの実践的展開

(1)　安心感のある学級

①**教師の「見方」を変える**　発達障害や「気になる」行動は誤解され、注意・叱責や叱咤激励が多くなりがちである。「叱られたい！」と願って登校する子どもはいない。本人は「何とかしたい」「うまくやりたい」と思って努力している。その意味で、「困った」子どもではなく、何かに「困っている」ためにうまくできない子どもなのだ。まずは「見方」を変えて、子どもが安心して過ごせる学級づくりを目指したい。

②**困った顔ができる学級**　間違えたり、失敗したりしたときに「ゴメン……」と恥をかける、困ったときに「助けて！」と言える学級にしたい。そのためにも「先生は誰でも助ける！　みんなもお互いに助け合おう！」という学級全体へのメッセージを大切にしたい。

③**違ってもいい学級**　「一人一人の顔が違うように、得意や苦手、困

69

ることもみんな違う。困り方が違えば、応援の仕方も違って当然」という安心できる雰囲気を大切にする。例えば、「めがね」は歴とした「合理的配慮」だ。それを「ズルイ」「不公平」と非難する友達も教師もいない。「支援も違っていて当たり前」という感覚が学級に浸透すると「合理的配慮」も「めがね」のように自然に許容される文化が醸成され、「特別」な支援は限りなく特別ではなくなっていく。寛容な態度はこのようなユニバーサルな学級文化の中でこそ育まれる。

(2) 当てにし合う「三間」の学級

　①学校は病院ではない　悪いところを治すために学校に来る子どもはいない。学校は病院ではない。学級生活には子どものよさや得意、できることが発揮される場面が必要である。ユニバーサルデザイン（※以下、UDと記す場合も同義とする）の前提である「ないと困る支援」の把握は、子どもの困難さの把握と誤解されることがある。否、その子どものよさ・得意・できること・持ち味の把握こそ「ないと困る支援」の本質であり、UDのスタートラインである。

　②よさ・できることが発揮される「三間」の学級に　子どもの「いいとこ・できること応援」を徹底する。教師が子ども一人ひとりのよさ・できることを大切にして子どもたちに期待する雰囲気をつくると、子ども同士もお互いのよさを大切にする雰囲気ができる。○空「間」：自分のよさやできることが発揮される出番・役割・居場所、すなわち、空間がある。○時「間」：自分のよさやできることが発揮できる時間がある。○仲「間」：子どもの空間や時間があり、「当てにされている」と子どもが感じる仲間がいる。係・当番活動や部活動も含めて、どの子どもにも「ありがとう！」とお互いが当てにされる「三間」を用意したい。

(3) 逆転の発想で「ほめる」機会を増やす！

　①逆転の発想で！　離席・離室が激しい子どもの「ぼく、本当は座りたいよ」との一言は衝撃だった。「座りたいけど座っていられない……

だから、『多動性』と言うのだ」と気づかされた。配慮を要する子どもたちの「客観的に見ればできて当たり前」の行動の多くは、「努力の表れかもしれない」と「見方」を変える必要もありそうだ。大切なことは、「問題を起こしていない姿」「できている姿」を「頑張っている」状態と見方を変えて、それを伸ばし・増やす発想が必要ではなかったのか。

> ① 問題行動を叱って減らすのではなく、問題を起こしていない状態をほめて増やす逆転の発想！
> ② 「できること」「得意」「よさ」に目を向けて、それらが発揮される！

②ほめ言葉5Sを増やす　誰でも守れる約束を大切にする。ほめる機会を意識して確実に増やす。言語環境の手本である教師のほめ言葉5S（さすが、すごい、すてき、すばらしい、それでいい）が増えれば、学級の雰囲気は確実に温かくなる。ほめる機会を増やすには、引き継ぎ情報に基づき、子どものよさや得意が発揮される活動（当番・係活動や遊びも含む）を用意する。できたことが学級の中で認められ、教師もほめることができれば、子どもの存在感や自己肯定感は確実に高まる。

③ルール・約束を守る子どもをほめる　ルール・約束を守っている場面、守っている子どもをほめる。周りの子どもたちをしっかりと育てることは、配慮を要する子どもたちも含めてお互いが手本になる学級づくりになる。ルールを守ると安心して気持ちよく過ごせることを実感し合い、確認し合いたい。

3 授業ユニバーサルデザインの実践的展開

(1) 「聞く」を大切に〜聴覚的焦点化〜

①子どもが「聞く」活動を見直す　教室にボイスレコーダーを置いてみよう。静かに思われる教室であっても、実に様々な音が録音されてい

る。人間の聴覚は「必要な音（例：教師の説明）」のみを拾おうとする。しかし、「耳が４つあり前からも後ろからも音が入ってきた」という当事者の喩えにあるように、他の音が邪魔をする（聞き取りづらい）ことがある。「邪魔をする音」を減らし、あわせて「聞きやすい話し方」をすることは、どの子にも「あると便利で・役に立つ」UDのポイントである。「話を静かに聞いている」姿をほめる逆転の発想を大切にしつつ、「話を聞く」ことの意味（※「話を聞いてもらえるとうれしい！」等）を考える学級にしたい。

　②**指示・説明の簡潔化**　「長い説明や指示は外国語のようであった」という当事者の声に耳を傾けたい。聞く活動は実は難しい。話し言葉は見えない、さらに終点を見通せない。それへの注意集中は容易ではない。一文一動詞の話し方を大切に、話し言葉をできるだけ減らし内容のポイントに焦点化する。さらに必要な場合は板書等で「見える化」する。

　③**前置きの指示の重視**　教室にビデオを置いてみる。教師の説明や友達の発表を聞くべきときに、窓の外を見ている、手イタズラや落書きをしている……そのような子どもは少なくない。「大事な話をします」「書きます、鉛筆です」等の前置きの指示は極めて重要である。聞いていなかった子どもを叱るよりも、話を聞くスタートラインに立てるユニバーサルな事前支援をまずは大切にしたい。

　④**一時一作業の原則**　子どもがノートテイク等の作業を始めているにもかかわらず、教師が指示をすることがある。書くことに集中するのか、聞くことに集中するのか焦点化されない状況を招く。「一時」に「二作業」は大人でも困難を伴う。大事な指示であるならば、「鉛筆を置きます」等の前置きをする。それにより、「聞く」という「一作業」に焦点化する。「聴覚的焦点化」はUDの重要な要件となる。

(2)　「見る」を大切に～視覚的焦点化～

　①**映画館のスクリーン**　「書き言葉が第一言語で、話し言葉は第二言語」という当事者の有名な喩えがある。見えるものは全体を把握しやす

く終点が分かり再確認もできる。大小や色の違い等によって焦点化しやすく、どの子どもにも「あると便利で・役に立つ支援」になる。

　しかし、視覚情報過多の状態になると、本来見てほしい情報が不鮮明になる。正に、「映画館のスクリーンのように！」という当事者の声に学び、見てほしい情報に焦点化しやすい状況をつくる。それはどの子どもにも「あると便利で・役に立つ支援」になる。

　②視覚情報を削る　子どもに「授業中、よく見る物」とアンケートを取ると、思いもよらない物も含めて、実に様々な物を子どもたちは見ていることが分かる。教室という環境は想像以上に「視覚情報過多」なのだ。教室正面の視覚情報を極限まで削る（含：カーテンで覆う）と「見える」物は限りなく削られ「黒板と教師」中心になる。そして、子どもの集中力は格段に高まる（※実証授業のデータは文献参照）。そこまで極端でない場合でも、きれいな教室・黒板・教卓、シンプルな黒板周りと教室正面はUDの大前提である。「視覚的焦点化」の要点は「視覚情報を増やす」ことではなく、「余分な視覚情報を減らす」ことなのだ。

⑶　「動き」を大切に〜動作化〜

　①「動き」を活用する　多動性の強い子どもは「動くことが得意な子ども」とポジティブに「見方」を変える。つまり、授業中の何らかの動きは、多動性の強い子どもにとっては「ないと困る」必須の支援となる。一方で、「聞くだけ・見るだけの活動」で、子どもの注意集中を維持するのは容易ではない。「動作化」は多動性の強い子どもだけでなく、どの子どもにも「あると便利で・役に立つ」ユニバーサルな支援になる。

　②動作化の具体例　○音読・フラッシュカード・簡単クイズ等で「目で見て・声に出して・耳で聞く」多感覚器官の「動き」を同時につくりだす。○フィンガーサイン、ハンドサイン等で賛成・反対・中立を表明する、頭の上でで○や×や△を作る、漢字や地図記号等の空書き等の手指を使った意思表明・参加型の授業。○ペア活動、グループワーク、ヒントコーナー、黒板にネームカードを（賛成・反対コーナーに）貼る等の

動いてもいいアクティブな授業。○「整理整頓タイム１分」、プリント
の配布・回収等の動ける時間の意図的な確保。○国語の時間等にオノマ
トペ言葉を動作で表現する……これら当たり前の「動く」に関わる教育
技術をUDの観点から改めて見直したい。

⑷ 「学習の登山モデル」～複線化～

①多感覚器官の活用　私たちは何かを「覚える」ときに「1192（いい
くに）創ろう鎌倉幕府」（「1185〔いいはこ〕創ろう鎌倉幕府」）と、いわゆ
る「語呂合わせ」を使うことがある。「書いて覚える」「見て覚える」に
加えて「口で唱えて覚える」という方法を経験的に知っている。

人間は五感を駆使して情報収集を図る。多感覚器官でキャッチする
様々な情報を頭の中で統合させて理解し覚える。配慮を要する子どもた
ちも含めて、子どもたちの感じ方や覚え方も多様である。多感覚器官の
活用はUDの要点の一つである。

②「学習の登山モデル」　授業目標を図の山の頂上に例える。頂上へ
の登山ルート＝学び方は複数ある。筆者はこれを「学習の登山モデル」
と名付けた。その象徴は、小学校の漢字指導の一つである「空書き・指
書き・なぞり書き」である。つまり、漢字を書いて覚えるだけでなく、
自分の指で空中に書くことで「見て（視覚）」「動き」で覚える視覚・動
作ルート、手のひらに指で書いて「触覚器官」で覚える触覚ルートとい
う「複数の登山ルート＝覚え方」を示す指導法である。さらには、「1192
創ろう鎌倉幕府」のように「（カタカナの）イ・ナ・エの『佐』」と唱え
て覚える聴覚ルートもある。多感覚ルートの提示と活用は、子どもが自
分の得意な覚え方とイメージや表現の仕方に気づいたり、その工夫をし
たりするきっかけをつくるユニバーサルな支援になる。

4 学校「組織」として「計画」的に展開する

①「事前支援」に徹する　配慮を要する子どもの「（よさ・得意を含む）
ないと困る支援」をあらかじめ把握して、どの子どもにも「あると便利

で・役に立つ支援」に発展させるUDは、正に「事前支援」の理念・方法論である。その意味で、「引き継ぎ」は極めて重要になる。「読み困難」への「気づき」にも視点をあてた「就学時健診」の充実、幼保小連携、進級に際しての「引き継ぎ」という事前支援の徹底を図りたい。

②「計画的・組織的」に　学習指導要領本文には配慮を要する子どもの支援に関して「工夫を計画的、組織的に行うこと」とある。担任任せにしない計画的で組織的な対応が求められている。中でも重要な役割を果たすのは学年会である。具体的には、○入学式・始業式前までにユニバーサルな支援を検討・共有する。○学年会は各教室を輪番で会場とし、座席配置や子どもの作文・作品、教室環境等を確認し合う。○テストの交換採点、合同・交換授業、部分的教科担任制、学年内相互参観等の「実質的な情報共有と支援体制」を学校「組織として計画」する。

②**不断の実践研究を！**　近年報告された答申や審議会のまとめには「個別最適な学びと協働的な学び」というワードが付されている。「個別最適な学び」の連続線上に「合理的配慮」が位置付くことはいうまでもない。そして、「多様な他者と協働しながら、あらゆる他者を価値のある存在として尊重」（学習指導要領前文）することを目指す「協働的な学び」は全ての子どもを包括しようとするUDの理念そのものである。

学級経営と授業という原点に常に立ち返る不断の実践研究を怠りなく進めたい。

〔文献〕
佐藤愼二（2014）『実践　通常学級ユニバーサルデザインⅠ：学級づくりのポイントと問題行動への対応』東洋館出版社
佐藤愼二（2015）『実践　通常学級ユニバーサルデザインⅡ：授業づくりのポイントと保護者との連携』東洋館出版社
佐藤愼二（2017）『逆転の発想で魔法のほめ方・叱り方』東洋館出版社
佐藤愼二（2022）『通常学級の「特別」ではない支援教育：校内外支援体制・ユニバーサルデザイン・合理的配慮』東洋館出版社

佐藤　愼二

2

各教科等を合わせた指導、 教科別の指導の効果的展開

■1 「これから」の視点

　本書の目的は、特別支援教育の現状の課題と成果を踏まえ、次期学習指導要領を展望しつつ、これからの特別支援教育に求められることをテーマごとに論説、提言することにある。筆者に課された課題は、知的障害教育の指導の形態である、各教科等を合わせた指導及び教科別の指導の効果的な展開について、上記目的に即して論じることである。

　各教科等を合わせた指導及び教科別の指導の「これから」の視点をどこに据えるかによって、論述は方向付けられることとなるが、本書では、現行学習指導要領までの課題と成果をレビューした上で、次期学習指導要領のみならず、知的障害教育のより本質的で普遍的な意味での「これから」を検討することとする。

■2 現行学習指導要領までの課題と成果

⑴ 各教科等を合わせた指導の課題と成果

　各教科等を合わせた指導は、戦後初期から知的障害教育の中核的な指導の形態として成果をあげてきた。戦後最初期には、通常の教育と同様に教科ごとに指導を行っていたが、このような方法を「水増し教育」として反省した（小出, 2014）。その反省の過程で、子どもの実生活での自立をめざし、より生活に根ざした指導を追究する過程で、いわゆる生活主義教育に根ざす生活単元学習等の実践を中心に教育課程を編成し、授業を展開することとなった（小出, 2014）。子どもが実生活に即した実際

的な活動に取り組み、生き生きと生活に必要な力を養っていく姿は、多くの実践者たちに共有されたのである。

この方法は、1963年に知的障害教育における養護学校学習指導要領が制定された段階で、各教科等を合わせた指導の形態という説明の仕方がされるようになり、知的障害教育の中核的な指導の形態として今日に至っている。

しかし、この間も、各教科等を合わせた指導には課題が指摘されなかったわけではない。指摘された課題は多岐にわたるが、今日的な課題に通じるものとしては、以下がある。

1963年の養護学校学習指導要領制定の前後では、養護学校学習指導要領が教育の目標や内容を、各教科等別に示したこともあり、通常の教育と同じように教科別に学習を展開すべきではないか、生活単元学習等では教科の内容に漏れや偏りが生じるのではないか、という指摘がなされることがあった。また、当時の通常の教育における教科とは異なり、生活に必要な内容を独自に教科として組織したことが批判の対象となることもあった。すなわち、知的障害のある子どもにも通常の教育の教科の学習を保障すべきではないかという学習権にかかわる批判である（藤本, 1992）。

また、各教科等を合わせた指導が、生活の自立を熱心にめざす過程で、生活技能や職業技能の単純訓練、しかも厳しい訓練に傾斜していったことも批判や反省の対象となった（小出, 2014）。

1970年代後半期以降、これらの批判や反省を踏まえ、子どもたちが主体的に活動できる生活単元学習等の実践が展開されるようになった。教科の内容の独自性は、教育目標「自立」を達成する視点から引き続き維持された。

現行学習指導要領においては、各教科等を合わせた指導を展開するにあたり、各教科の目標や内容を踏まえた計画・実施・評価を行うことが求められている。各教科等を合わせた指導の効果・成果を認めつつ、学習指導要領の示す各教科の達成状況を明確にすることが求められている

ということができる。

　知的障害教育の教科の独自性については、現行の学習指導要領すべてが、「育成を目指す資質・能力」の三つの柱を踏まえて教科の目標・内容を示すこととなり、知的障害特別支援学校の場合もこれに準じている。

　教科の内容についても、従前から通常の教育の内容と事実上同じものは多くあったこともあり、これらについて、表記をなるべく統一することとなった。従前強調されてきた知的障害教育の教科の独自性は表記上薄らいだ。ただし、現行のすべての学校種の学習指導要領で、「育成を目指す資質・能力」という、これまでの知的障害教育が大切にしてきた生活に必要な内容と価値観を共有するものとなっていることに留意することが大切である。すなわち、表記上の統一だけではなく、教科のめざすところも共有されてきているといえる。知的障害教育が大切にしてきたものが共有されるに至っているのである。

(2)　教科別の指導の課題と成果

　「水増し教育」と言われた戦後最初期の教科別の指導法では、知的障害のある子どもにとっての最適な目標を意識せず、単に子どもの知的能力相当の教科の内容を指導するものであった。限られた内容を時間をかけて（水で薄めて）指導するゆえ、「水増し教育」といわれた（名古屋, 2019）。

　しかし、子どもの生活の自立を明確に意識した段階で、教科別の指導も、生活に生きるという視点からの充実が図られた。知的障害教育史の定説では、戦後の知的障害教育は、生活主義教育を標榜し、教科によらない生活単元学習等の方法を中心にその実践を発展させてきたとされる。しかし、それと並行して、生活に生きる教科別の指導もその充実が図られてきたことを見逃すことはできない。その成果の最初期のものとしては、近藤益雄の国語教育の実践が知られる（近藤, 1951）。

　1960年代には、子どもの知的発達を促すという目標から、通常の教育同様に、教科を系統的に指導すべきという論も展開された（東京都立八

王子養護学校，1969)。それに対し、1963年の養護学校学習指導要領以降、学習指導要領解説書では、生活に必要な知的障害教育の教科を、生活に生きるように学ぶ形態として、教科別の指導が意味づけられた。教科別の指導は、各教科等を合わせた指導を補うものとされた。

現行学習指導要領の下での教科別の指導と各教科等を合わせた指導の関係は、「特別支援学校学習指導要領解説　各教科等編（小学部・中学部）」（文部科学省，2018）では、「児童の実態とともに、学習集団の構成などを踏まえ、適切な指導の形態を選択し、カリキュラム・マネジメントを行っていくことが必要である」とされる。

各教科等を合わせた指導を補う教科別の指導の意味づけは明記されず、カリキュラム・マネジメントの文脈で、適切な指導の形態を選択することが求められている。

知的障害教育における教科別の指導の大きな特徴は、単なる知識・技能を習得するにとどまらず、生活場面での適用までを目標とする点にある。このことは、今日いわれる「育成を目指す資質・能力」の習得を図る教育と重なるものであり、各教科等を合わせた指導と並んで、知的障害教育における教科学習の先進性を示すものといえよう。

3 これからの課題

(1)　各教科等を合わせた指導のこれから

現行学習指導要領の下では、何といっても教科との関係の議論が活発である。しかし、この議論は現在に始まったものではない。20世紀において系統主義教育と対峙してきた経験主義教育の流れを汲む各教科等を合わせた指導の必然である。「生活か教科か」の論争は、戦後の知的障害教育の歴史においても時に激しく繰り返されてきた。

しかし、今日の学習指導要領が示す教科観は、学校種を問わず「生きる力」としての教科である。20世紀において対立が強調されてきた系統性・科学性のある教科と生活性・実用性のある教科という二項対立は過

去のものとなった。教科の内容を生活に必要な力として再認識し、生活に即して指導していくことが求められる。知的障害教育においては、従前より教科を生活に必要な内容で組織してきた。この方向性を、「育成を目指す資質・能力」としていっそうブラッシュアップしていくことは、知的障害教育の教科の充実という点で有益である。

　さらには、「生きる力」を養うための教科等横断的な指導の効果も広く認められている。生活に根ざした総合的な学習形態である各教科等を合わせた指導は、その点でもすでに実績を蓄積して久しい。

　以上のような認識の下で、各教科等を合わせた指導の充実をいっそう図っていくことは、大きな課題である。

　各教科等を合わせた指導の充実には、次の点への力の傾注が欠かせない。一つは、子どもにとっていかに主体的に取り組める活動を用意できるかということである。そしてもう一つは、子どもの発達の段階を踏まえながらも、生活年齢すなわちライフステージに即した実際的で、本物の生活を活動として組織できるか、である。ライフステージに即した実際的な活動は、その時期に必要な各教科等の学習内容をもって構成される。その内容を子ども主体に展開することで、子どもは生活の文脈に即して力を発揮し、確かな力を自ら養う。

　現在の社会は変化が激しく、今後の見通しがもちにくい社会でもある。各教科等を合わせた指導の内容もまた、そのような社会の変化に柔軟に対応するものでなければならない。そのためには、教師自身が社会の動向に敏感であり続けることが求められる。

　時代の変化をとらえながら、子どもが本気で力を発揮できる本物の生活を、ライフステージごとに展開していくことが重要である。

　現行学習指導要領で示される教科の目標及び内容を踏まえた各教科等を合わせた指導の計画・実施・評価についても、教科が生活の中で発揮される「生きる力」である以上、何ら躊躇することはない。

　ただし、本来の生活を通しての指導が、生活主義教育の方法である各教科等を合わせた指導の生命線である。教科を踏まえる場合、いかに実

際的な生活の中で、期待する教科の内容を指導できるかが重要であるが、間違っても教科の内容を組み合わせて擬似的な生活活動をつくるというアプローチは避けなければならない。知的障害教育の現場ではこの種の方法を、「寄せ集め学習」と称して禁忌としてきた。

　教科学習の方法として各教科等を合わせた指導を見る場合、各教科等を合わせた指導が質の高い教科指導とされる理由は、本来の生活の中にある実際的で自然な文脈に位置付く、いわば「生きた教科」を学習できる点にある。自然で実際的な生活ではなく、教科を組み合わせた活動では、この点が決定的に損なわれるのである。

　各教科等を合わせた指導を実践する場合は、本来の生活がもつ豊かな教育力を信じることが重要である。

(2)　教科別の指導のこれから

　知的障害教育の教科別の指導は、自立の実現に必要な教科の力を養う指導の形態として実績を積み重ねてきたことに留意したい。したがって、どのような教科の内容を学習する場合でも、その学習が子どもの生活に生きるものとなるところまでをパッケージにして指導することが必要である。単に知識・技能を習得して終わりとすることは避ける。

　すなわち、今日においても教科別の指導が避けなければならないのは「水増し教育」なのである。「水増し教育」は第一義的には、単に能力相当の知識・技能を習得するだけという段階に学習をとどめることを意味する。しかしより本質的には、教育目標を明確にせずに行う教科別の指導をさす。生活に生きるという目標を教師が自覚することで、その子にとって本当に必要な教科の内容を見極めることができよう。

　なお、生活に生きる教科という考え方は、知的障害教育の教科観の伝統であるが、ともすれば狭くとらえられがちであったと、筆者は考えている。子どもの日常生活に直ちに役立つ力（自分の名前が書ける、お金の計算ができる等々）に指導内容が限定されがちではないだろうか。

　「水増し教育」的に、子どもに必要であるか否かを吟味することなく

第3章　児童生徒への指導・支援の充実に向けて

81

能力相当の内容を指導するのも問題だが、「役立つ力」を限定する、もっといえば矮小化することも問題である。従来、知的障害教育の教科に対して漏れや偏りが問題とされた場合、このような教科の矮小化が関与していたのではないかと筆者は考える。

筆者は、その事態を回避するために「生活に生きる教科」を「生活を豊かにする教科」と言い換えている。直接に役に立つ・立たない云々に限らず、その子の内面性の豊かさも含め、生活が豊かになる教科として、教科を捉え直すのである。生活を豊かにする教科には、たとえば音楽を楽しむ、文学を楽しむなどの活動も積極的に位置づけることになる。

教科別の指導も、生活を豊かにする学びとすることが大切である。

⑶ 知的障害教育実践のこれから

以上、各教科等を合わせた指導、教科別の指導のそれぞれについて、「これから」を述べてきた。しかし、真にこれからの知的障害教育の授業を考えるのであれば、このような区分に終始することもまた不適切であろう。戦後の知的障害教育は、大なり小なり「生活か教科か」という二項対立の議論に縛られてきた。今日、学習指導要領の理念の進展に伴い、学校教育全般を通じて、この二項対立は実践現場の意識から薄らいでいるともみえる。しかし、そうではあっても、知的障害教育の現場には、今でもどこかで濃淡こそあれ、「生活か教科か」の対立が見え隠れする。この対立の解消には今少し時間がかかるのかもしれない。

その解消を図るために、以下の2点を提案したい。

一つは、知的障害教育の多様性を大切にすることである。知的障害教育は、戦後70数年に及ぶ歴史を経て、今日、多様な実践論を有している。この多様性を大切にし、自由で豊かな実践のいっそうの発展を期待したい。かつての「生活か教科か」の論争のように互いに他を否定するのではなく、認め合い、切磋琢磨する建設的な論争こそ望まれる。

もう一つは、教育目標「自立」の明確化である。どのような実践であれ、知的障害教育が大事にしてきた生活の自立をめざすことにおいてブ

レないことである。「寄せ集め学習」も「水増し教育」も、教育目標を明確にしていないことから生じる誤りであった。

　多様性といいながら、教育目標を自立に絞ることは矛盾するようにみえる。しかし、生活の自立という教育目標に根ざすことで、教科の指導法についても、各教科等を合わせた指導や教科別の指導など、多様な実践形態が生まれるのである。教育目標とは、いわば錨のようなものである。教育目標という錨がしっかりあることで、教育方法についても、現場の自由な発想で、安心して思いきった冒険ができるのである。

　もちろん教育目標も人がつくったものである以上、変わり得ないことはない。事実、知的障害教育の歴史においても、自立以外の教育目標が提起されたことはあったし、教育目標「自立」自体もさまざまな経緯を経て精錬されてきた。だからこそ、これからも教育目標についての議論も開かれた形で多様に展開すべきである。その議論に教育目標「自立」を積極的にさらし、精錬していくこと。それによって、教育目標「自立」の本質も、いっそうよく了解され、自立をめざした実践の精度もあがる。

〔文献〕
藤本文朗（1992）ふたたび『教科』学習か、生活単元学習か，『発達障害研究』13
　⑷，pp.11-17
小出進（2014）『知的障害教育の本質：本人主体を支える』ジアース教育新社
近藤益雄（1951）主として書くことの指導について，三木安正編『精神遅滞児の生
　活教育』牧書店，pp.173-226
文部科学省（2018）特別支援学校学習指導要領解説　各教科等編（小学部・中学部）
名古屋恒彦（2019）『「各教科等を合わせた指導」エッセンシャルブック：子ども主
　体の学校生活と確かな学びを実現する「リアルの教育学」』
東京都立八王子養護学校（1969）紀要No.3

名古屋　恒彦

3

自立活動と「個別の指導計画」等の 効果的活用

1 各教科等において育まれる資質・能力を支える「自立活動」

(1) 多様な学びの場における「自立活動」の指導の充実

　自立活動は、特別支援学校幼稚部教育要領、特別支援学校小学部・中学部学習指導要領、特別支援学校高等部学習指導要領において、各教科等に加えて、指導の領域として位置付けられている。

　小学校及び中学校学習指導要領の総則では、特別支援学級において、特別の教育課程を編成するに当たり、特別支援学校小学部・中学部学習指導要領第7章に示す自立活動を取り入れることが明示された。

　更に、小学校、中学校及び高等学校学習指導要領の各総則において通級による指導を行い特別の教育課程を編成する場合には、特別支援学校小学部・中学部学習指導要領第7章に示す自立活動の内容を参考とし、具体的な目標や内容を定め指導を行うことも明示された。

　学習指導要領は、校種ごとに各規定が位置付けられている。今般の改訂のように、小学校、中学校及び高等学校の学習指導要領の総則において、他校種で「特別支援学校学習指導要領第7章に示す自立活動」の規定が位置付けられたことは初めてのことであり、このことの意義を共有し、多様な学びの場における自立活動に係る指導の充実を図っていきたい。また、通常の学級に在籍する障害のある児童生徒に対しても、個々の児童生徒の障害の状態等に応じた指導内容や指導方法の工夫をする際には、自立活動の考え方を参考にしていくことができる。

　一方、特別支援学校においては、自立活動の考え方はもとより、自立

活動に係る具体的な指導目標や指導内容の設定の仕方、そして実際の指導について、地域の幼稚園、小学校、中学校及び高等学校等に対して、自立活動の観点から適切な助言等が行えるよう専門性を担保しておく必要がある。

(2) 「自立活動」の考え方の根底

「自立活動」に至るまでの変遷は、盲学校、聾学校、養護学校の教育の黎明期において、障害の状態を改善・克服するための指導領域として「養護・訓練」が創設されたことに端をなす。

「養護・訓練」以前には、障害の状態を改善・克服するための指導は、主に教科等の中で、重要な指導内容として認識され実践されてきた。

1964(昭和39)年3月告示「盲学校学習指導要領小学部編」、「聾学校学習指導要領小学部編」において、障害の状態の改善・克服を図るための指導が一部位置付けられ、「国語」や「体育」などの教科の中で、障害の状態の改善・克服に係る指導が行われていた。

養護学校においては、児童生徒の障害の状態の改善・克服を図るための特別の指導が、1963・64(昭和38・39)年の学習指導要領において、肢体不自由養護学校小学部の「体育・機能訓練」、病弱養護学校小学部の「養護・体育」等として行うことが明示された。

こうした学校での実践を踏まえて、1970(昭和45)年10月、国の教育課程審議会の答申において「これらの訓練等の指導は、一人一人の児童生徒の障害の種類・程度や発達の状態等に応じて、学校の教育活動全体を通して配慮する必要があるが、さらになお、それぞれに必要とする内容を、個別的、計画的かつ継続的に指導するべきものであるから、各教科、道徳および特別活動とは別に、これを『養護・訓練』とし、時間を特設して指導する必要がある。」と提言された。これを受けて、1971(昭和46)年の学習指導要領の改訂において新たに「養護・訓練」が位置付いた。

その後、盲学校、聾学校及び養護学校小学部・中学部学習指導要領(1999〔平成11〕年3月告示)の改訂の際に「養護・訓練」から「自立活動」

に改められた。その際、「養護・訓練」の教育内容は、一人一人の児童生徒等の実態に対応した主体的な活動であり、自立を目指した活動であることを明確にする観点から、「自立活動」へと名称の見直しが行われた。

自立活動の考え方の根底には、児童生徒の障害の状態等の実態や主体的な取組を基盤とする教育活動が核となる点について、改めて共有したい。

⑶　自立活動の目標と育成を目指す資質・能力

特別支援学校小学部・中学部学習指導要領の自立活動の目標は次のとおりである。
「個々の児童又は生徒が自立を目指し、障害による学習上又は生活上の困難を主体的に改善・克服するために必要な知識、技能、態度及び習慣を養い、もって心身の調和的発達の基盤を培う。」（特別支援学校高等部学習指導要領についても同様である。）

自立活動の目標は、平成21年告示の特別支援学校学習指導要領に示されている自立活動の目標からの変更点はない。今般の改訂では、この目標の捉え方について、各教科等と自立活動の関係について、特別支援学校学習指導要領解説自立活動編（以下、「解説自立活動編」という）により明確に整理されている。

同解説において、各教科等と自立活動の関係について、次のように説明している。
「心身の調和的な発達の基盤に着目して指導するものが自立活動であり、自立活動の指導が各教科等において育まれる資質・能力を支える役割を担っている。」[1]（解説自立活動編第3章1の⑴）

周知のとおり、今般の学習指導要領は、小学校であれば、全ての教科、外国語活動、総合的な学習の時間、特別活動で、育成を目指す資質・能力の三つの柱から、各教科等の目標及び内容が構造的に示されていることが最大の特長である。これは、中学校及び高等学校段階の各教科等も

同様であり、更に、幼稚園段階においても「幼稚園教育において育みたい資質・能力」を明確にした改訂がなされている。

このことは、同時に、「自立活動」の目標や内容の示し方についても言及されることになる。

解説自立活動編に示されている「自立活動の指導が各教科等において育まれる資質・能力を支える役割を担っている」いう明示により、各教科等と自立活動との考え方の違いが示されている。これは、「自立活動」が育成を目指す資質・能力の三つの柱で示されていない理由でもある。

また、ここで示されている各教科等とは、小・中学校、高等学校の各教科等のみならず、知的障害者である児童生徒に対する教育を行う特別支援学校における各教科等（以下、「知的障害のある児童生徒のための各教科等」という）が含まれている点にも留意しておく必要がある。

この点は、特別支援学校小学部・中学部学習指導要領、例えば、第1章総則第3節の3「教育課程の編成における共通的事項⑴内容の取扱い」において、「ア　第2章以下に示す各教科、道徳科、外国語活動、特別活動及び自立活動の内容に関する事項は（略）」という記述に表れるように、「第2章以下」とは、小学校と中学校に準ずる教科及び知的障害のある児童生徒のための各教科が含まれている。また、知的障害のある児童生徒のための各教科に限定される場合には、「知的障害者である児童又生徒に対する教育を行う特別支援学校においては」という場合付けがされる。このことから、「各教科等」には、知的障害のある児童生徒の各教科等が含まれていると解することができる。

改めて、自立活動の指導が、全ての各教科等において育まれる資質・能力を支える役割であることが明確になった点を共有したい。

⑷　自立活動と知的障害のある児童生徒のための各教科等との関係

これまで、特別支援学校の教育課程編成において、自立活動の教育課程上の考え方について、いくつかの捉え方がなされてきた。

一点目のタイプは、自立活動を各教科等の基盤として考える捉え方で

ある。教育活動全体を通して行う「自立活動の指導」とともに、児童生徒等の実態に応じて「自立活動の時間の指導」も行われていく。

二点目のタイプは、自立活動の指導領域を独立したものとして捉える考え方であり、各教科等と横並びに捉える考え方である。この場合には、各教科等の時間と同じように「自立活動の時間の指導」が位置付けられている。

また、これら二つの考え方を複合させながら、教育課程上に位置付けている場合が多い。

知的障害のある児童生徒の自立活動の指導に際しては、知的障害から生じる学習上又は生活上の困難さを見定めた指導を行う必要がある。

今般の特別支援学校学習指導要領解説各教科等編（小学部・中学部）において、知的障害とは、「知的機能の発達に明らかな遅れと、適応行動の困難性を伴う状態が、発達期に起こるものを言う」[2] と定義が整理されている。

知的機能とは、認知や言語などに関係する機能であり、精神機能の知的面に、同年齢の子供と比較して平均的水準より有意な遅れが明らかにあり、かつ、適応行動の困難さの両方が同時に存在している状態が、概ね18歳までの発達期に起こることをいう。

知的障害のある児童生徒のための各教科等は、学校教育法施行規則に基づき、「知的機能の発達」と「適応行動の面」の困難さを踏まえ、知的障害者である児童生徒に対する教育を行う特別支援学校の小学部から高等部までの教科等を定めている。

知的障害のある児童生徒のための各教科等を指導する際には、自立活動の指導が各教科等において育まれる資質・能力を支える役割を担っていることを踏まえ、知的障害から生じる知的発達の遅れについては、知的障害のある児童生徒のための各教科等の目標・内容で対応し、各教科等を学ぶ際に生じる困難さや適応行動に関しては自立活動の指導で対応していくことなどのように考え方を整理することができる。

② 個別の指導計画に基づく指導の充実

　特別支援学校学習指導要領では、各教科等の指導に当たり個々の児童生徒の実態を的確に把握し、個別の指導の計画を作成しなければならないことが規定されている。

　令和3年1月中央教育審議会答申「『令和の日本型学校教育』の構築を目指して」[3] では、目指す学校教育の姿を「全ての子供たちの可能性を引き出す、個別最適な学びと協働的な学びの実現」であるとしている。本答申でいうところの「個別最適な学び」とは学習者である児童生徒等の視点からの表現であり、教師の視点からは「個に応じた指導」ということになる。児童生徒等が、主体的・意欲的に学ぶことができるよう興味・関心を引き出すことのできる教材を工夫したり、課題に集中し注目できるようにするための教材提示方法を考えたり、児童生徒等一人一人への個別的なアプローチが重要となる。個別の指導計画に基づく指導の重要性がより一層増している。

(1) 自立活動における 「個別の指導計画の作成と内容の取扱い」について

　自立活動における「個別の指導計画の作成と内容の取扱い」については、今般の改訂において、実態把握から指導目標（幼稚部教育要領では「ねらい」）や具体的な指導内容の設定までの手続きの中に、「指導すべき課題」を明確にすることを加え、具体的な指導内容を作成する手続きの各過程を整理する際の配慮事項が新たに示された。

　この規定に基づき、解説自立活動編には、障害種別に、具体的な指導内容を作成するための流れ図が例示してある。

　また、児童生徒等自身が活動しやすいように環境や状況に対する判断や調整をする力を育むことが重要であることから、個々の児童生徒に対し、自己選択及び自己決定する機会を設けることにより、思考したり、判断したりすることができるような指導内容を取り上げることが新たに

明示された。

　更に、児童生徒等自らが、自立活動の学習の意味を将来の自立と社会参加に必要な資質・能力との関係において理解したり、自立活動を通して、学習上又は生活上の困難をどのように改善・克服できたか自己評価につなげたりしていくことが重要である。そのため、個々の児童生徒等が、自立活動における学習の意味を将来の自立や社会参加に必要な資質・能力との関係において理解し、取り組めるような指導内容を取り上げることについて、新たに明示されている点にも留意したい。

(2)　個別の指導計画作成・活用のポイント

　個別の指導計画の書式は、各学校の教育課程に即し様々な工夫がされている。児童生徒等の実態や学習状況を示すフェイスシートの後に、各教科等の枠組みの中で「指導目標」・「手立て」・「評価」という形式で表記される場合が多いと考えられる。以下、作成の要点について述べる。

①　指導目標の焦点化

　指導目標は、40文字程度の短い文章で完結するとよいと考えている。その際、一つの指導目標に対して、複数の指導目標が記述されることのないように留意したい。同時に複数の指導目標がある場合には、達成度の高い指導目標のみを評価してしまうことがあることや、指導目標に対する手立てが曖昧になってしまうことが考えられる。

②　優先課題の明確化

　指導目標設定の際には、児童生徒の資質・能力を伸長させる観点から、指導目標を網羅的に捉えてしまうことがある。指導目標の必要性や緊急性、達成可能性などを十分に踏まえ、優先されるべき課題を明確にしておくことが効果的な指導につながると考えている。

③　評価までの指導期間の明確化

　指導目標に対して、評価期間を事前に計画しておくことが重要である。概ね３年後の児童生徒の育ってほしい姿を想定しながら、評価期間は、長期では１年間、短期では３か月間程度（概ね学期ごと）が適切ではな

いかと考えられる。

　単元のまとまりごとの学習評価を積み重ね、3か月をワンスパンとして評価期間を考えて、個別の指導計画を活用していくことなどの工夫により、指導と評価の一体化が図られやすくなる。

　特別支援学校の教育が、児童生徒等一人一人の教育的ニーズを踏まえた学習が徹底されるように、個別の指導計画に基づく指導の在り方などを再考していきたい。特に自立活動の指導においては、個々の障害から生じる困難さの中核にアプローチしていくものであり、学習集団で、画一的な指導になっていないかなど、常に警鐘を鳴らしながら、指導の充実を図っていきたい。

〔注〕
1）特別支援学校教育要領・学習指導要領解説自立活動編（幼稚部・小学部・中学部），2018（平成30）年3月
2）特別支援学校学習指導要領解説各教科等編（小学部・中学部），2018（平成30）年3月（高等部学習指導要領解説についても同様である。）
3）中央教育審議会「『令和の日本型学校教育』の構築を目指して～全ての子供たちの可能性を引き出す，個別最適な学びと，協働的な学びの実現～（答申）」（中教審第228号），2021（令和3）年1月

丹野　哲也

4

カリキュラム・マネジメントによる教育課程の充実

1 カリキュラム・マネジメントとは

(1) 学習過程重視の「社会に開かれた教育課程」と知的障害教育の共通性

　学習指導要領の「前文」によると、「社会に開かれた教育課程」の実現は、「それぞれの学校において、<u>必要な学習内容をどのように学び、どのような資質・能力を身に付けられるようにするのか</u>を教育課程において明確にしながら、社会との連携及び協働により」図られるとされている。また、「<u>児童又は生徒が学ぶことの意義を実感できる環境を整え、一人一人の資質・能力を伸ばせる</u>ようにしていくことは、教職員をはじめとする学校関係者はもとより、家庭や地域の人々も含め、様々な立場から<u>児童又は生徒や学校に関わる全ての大人に期待される役割</u>である」と記されている（下線は筆者）（文部科学省，2017）。

　「社会に開かれた教育課程」は、学ぶ側の視点に立った子ども中心の教育計画を「教育課程」としてとらえるパラダイムシフト（育成すべき資質・能力を起点にした学習指導要領の構造改革）を意味している。今次の改訂では、PISA型学力によって重視されるようになった汎用的な資質・能力を身に付けることが優先され、総体としての「できること」で積極的に社会参加する人間を育む教育の実現が目指されている。

　子どもたちが、日常や社会生活の問題を解決できるための資質・能力を身に付けるには、経験を重視した学習過程が不可欠となる。知的障害教育では、実生活に即した具体的な経験を重視する生活教育の方法が積

み重ねられてきた。また、「児童又は生徒が学ぶことの意義を実感できる環境」を整えることこそが、この生活教育の肝である。このように、学習指導要領が示す理念と方法は、知的障害教育のそれと軌を一にしているのである。

(2)　学習指導要領に見る「カリキュラム・マネジメント」

カリキュラム・マネジメントとは、「教育課程に基づき組織的かつ計画的に各学校の教育活動の質の向上を図っていくこと」とされている（文部科学省，2017）。それは、①児童又は生徒や学校、地域の実態を適切に把握し、教育の目的や目標の実現に必要な教育の内容等を教科等横断的な視点で組み立てていくこと、②教育課程の実施状況を評価してその改善を図っていくこと、③教育課程の実施に必要な人的又は物的な体制を確保するとともにその改善を図っていくこと、④児童又は生徒に何が身に付いたかという学習の成果を的確に捉え、個別の指導計画の実施状況の評価と改善を、教育課程の評価と改善につなげていくよう工夫すること、の4つの側面から実施される（文部科学省，2017）。ここで銘記すべきことは、各学校が、①学校として学習指導要領を踏まえて学校全体及び各学部等の教育内容を明確にする段階の作業を確実に行い、教職員全体で共通理解を図ったうえで、②明確化された教育内容を踏まえて指導計画を作成する段階に入ること、が大前提であることである。カリキュラム・マネジメントの実施手順は、特別支援学校学習指導要領解説総則編に詳述されているので参照されたい。

2 知的障害教育におけるカリキュラム・マネジメント

(1)　知的障害教育の基本的な考え方と教育課程及び授業の特徴

「知的障害者である児童生徒を教育する特別支援学校の各教科」（以下、知的障害教育各教科）は、小・中・高等学校の各教科とは異なり、発達期における知的機能の障害を踏まえ、児童生徒が自立し社会参加するため

に必要な内容を身に付けることを重視し、特別支援学校学習指導要領において、独自性をもって、その目標と内容等が示されてきた。知的障害教育各教科は、発達段階1歳前後の発達の未分化な児童生徒にも適用できるようになっており、基本的には、知的発達、身体発育、運動発達、生活行動、社会性、職業能力、情緒面での発達等の状態を考慮して、その目標や内容が、学年ではなく段階別に、小学部3段階、中学部2段階、高等部2段階で示されている。すなわち、各教科の各段階の内容は、生活年齢を基盤とし、知的能力や適応能力及び概念的な能力等を考慮しながら段階ごとに人とのかかわりの広がり、生活の場の広がり、かかわる事柄の広がりに基づいて配列されている。また、児童生徒が生活年齢相当の社会参加ができるようになることを期した内容も含まれている。このように、知的障害教育各教科は、小・中学校等で設定されている教科以前の内容を含み、生活に活用するための教科以後の内容も含む点が特徴である（米田，2023）。

　知的障害のある児童生徒は、同一学年であっても、発達や学力、学習状況に大きな個人差があることから、段階を設けて示すことにより、個々の児童生徒の実態等に即して、各教科の内容を選択して、効果的な指導を行うことができるように工夫されている。さらに、個人差や多様な教育的ニーズに応じた集団的指導を可能にするために、特に必要があるときは各教科等の全部または一部を合わせて授業を行うことができる（学校教育法施行規則第130条第2）。

(2)　教育課程編成・実施における 「各教科等を合わせた授業」の意義と課題

　知的障害教育は、未分化な内容をどのように指導するかという方法論を重視してきた。その一方で教育課程の示し方においては未分化な内容を各教科に分科して示す努力も重ねられてきた。知的障害教育各教科の内容は、昭和37年度版学習指導要領では典型発達3～4歳児程度の発達段階に即した内容以上の設定だったが、昭和45年度版学習指導要領では

2歳程度までに下げられ、現在は8か月程度にまで下げられた内容が小学部1段階に示されている（米田，2022）。知的障害教育各教科の内容と典型発達児の学年段階の内容との示し方等の関係を対比すれば、表3-4-1の通りである。

表3-4-1　知的障害教育教科各段階の内容と典型発達・幼小中各学年段階との関係（おおよそのイメージ）（米田（2022）一部改変）

学部	小学部			中学部		高等部	
段階	1段階	2段階	3段階	1段階	2段階	1段階	2段階
典型発達・幼小中各学年	発達初期	幼稚園	小1〜2	小2〜3	小3〜4	小4〜5	小5〜中
幼稚園教育要領・小・中学校学習指導要領における ①内容の示し方 ②授業実施形態等	①幼稚園教育要領では領域別に示される。②領域ごとに指導するのではなく、幼稚園教育全体を通して指導する。		①小学校1年以降は各教科別・学年段階別に示される。②教科等横断による授業も求められる。				

　教育課程の基準としての学習指導要領では、通常の学校に準じた構成要素で教育課程を示す必要があることから、知的障害教育各教科では、典型発達児の発達初期や幼稚園段階の内容までもが各教科に分けて示されている。しかしながら、発達年齢5・6歳以前の段階の子どもの教育にあっては、未分化な教育内容を幼稚園生活の活動全体を通して学習させることが前提となっている。したがって、発達年齢の低い児童生徒にとっては、「分けられない」活動による分けない指導としての「各教科等を合わせた指導」が必然となる。

　今次の学習指導要領では、小中高校の教育においても教科別の授業と教科等横断による授業の組み合わせによるカリキュラム・マネジメントが重視されている。知的理解より行動的理解を重視し、生活上の課題解決に取り組む学習活動（思考・判断し表現する活動）を通して、各教科の内容（知識・技能）が習得されるという知的障害教育の生活教育の考え方は、思考・判断し表現することを通して知識及び技能の育成を図るという、今次の学習指導要領が重視する学習過程の考え方と共通する。

　小学校第1学年以降の内容の指導においては、「各教科等を合わせた

指導」を教科等横断による授業の実施形態の一つとして積極的に実践していくことで、教える側から見た教育内容の示し方と学ぶ側から見た学習活動内容・授業形態の示し方という「教育課程の二重構造」によるカリキュラム・マネジメントが、知的障害教育のみならず、学校教育全体の標準的な発想になっていくことを期待したい（米田，2022）。

(3) 学習評価規準と判断のための基準による　　カリキュラム・マネジメント

　学習過程を重視したカリキュラム・マネジメント実現のために、学習指導要領に示す目標・内容に準拠した学習評価が求められている。各学校は、学校の実態に即して教育内容を明確にするとともに、児童生徒が「指導内容」を学び、ねらいに到達した場合、「内容」のうち何ができるようになっているのかを具体的に示す各教科の学習評価規準の設定を行う。各担任が個別に設定するのではなく、学校として卒業までに身に付けさせたい力を検討し、各学部・学年・コース等のそれぞれの集団全体で、各教科のいずれの段階を到達目標に据えるのかを定めたうえで、学習評価規準を設定するのである。この作業がおろそかになったまま、各担任が個々の児童生徒の適切な学習評価を行うことは不可能である点に留意する必要がある。なお、具体的な学校ごとの学習評価規準の設定方法については、文部科学省（2020；2022）を確認されたい。

　学習指導要領では、例えば、知的障害教育教科「国語」の小学部2段階の「聞く」ことの内容、「知識及び技能」は、「身近な人との会話や読み聞かせを通して言葉には物事の内容を表す働きがあることに気付く」（下線は筆者）とされている。これをもとに学習評価規準を設定すると「……言葉には物事の内容を表す働きがあることに気付いている」（下線は筆者）と設定できる。このように、知的障害教育各教科の各段階の内容は、知的障害のある児童生徒の学習特性を踏まえて、波下線部分のように、児童生徒の日常生活に関連する場面や活動、行動と合わせて示されていることから、各教科の各段階の内容をもとに評価規準（到達目標）

を設定すれば、指導と支援の方法を含んだ個別の学習目標（評価のための判断基準）の設定も容易である。児童生徒が、①何（行動）を、②どのような場面・条件・支援で、③どの程度遂行できるのかを、教師が考えやすくなったのである。

　学習評価規準が設定されれば、担任教師は、例えば上述の国語の小学部２段階では、「身近な人」を誰に、「会話」の場面や内容をどのように設定するのか等、学習評価規準を達成するための指導と支援の方法を含んだ個別の短期目標（評価のための判断基準）の設定に注力することができる。「絵本の読み聞かせ」を方法として選択する場合でも、例えば、子どもたちの興味のほか、運動会で綱引きを経験したこと等を踏まえて、「大きなかぶ」を選定する。その内容を劇遊びで再現・体験することで「力いっぱい引いても抜けない・動かない感覚」と掛け声を結び付けて実感する。同様に他の教科／他の段階についても、「児童生徒の日常生活に関連する場面や活動、行動」を当該教科等（例えば生活・算数・図工）において具体的にどう設定するかを検討した結果、「大きなかぶ」の劇遊びが活動題材として共通して適していると判断できれば、特に必要かつ効果的効率的な授業の形態として、各教科等を合わせた指導が選定され、構成する各教科の学習課題を達成する「生活単元学習」が計画されることになるだろう。この際、学習評価は、単元・内容・時間等の一定のまとまりごとに適切な評価場面でなされるものなので、比較的長期のゆとりある単元計画が望まれる。

〔文献〕

文部科学省（2017）特別支援学校小学部・中学部学習指導要領

文部科学省（2018）特別支援学校教育要領・学習指導要領解説　総則編（幼稚部・小学部・中学部）。

文部科学省（2020）特別支援学校小学部・中学部　学習評価参考資料

文部科学省（2022）特別支援学校高等部　学習評価参考資料

米田宏樹（2022）知的障害教育課程論史から見た「各教科等を合わせた授業」の意義，『発達障害研究』44(3)，pp.252-259

米田宏樹（2023）知的障害教育の現状とその歴史，佐藤克敏・武富博文・徳永豊編『知的障害教育の基本と実践』慶應義塾大学出版会，pp.1-19

米田　宏樹

5

授業研究の充実
〜授業研究で協働性・同僚性・語り合いが
　　ある組織づくりを〜

　教師の夢として“憧れの授業”があるだろう。授業研究は“子どもに
向き合う時間”であり、授業の夢を教師から教師へ駅伝のタスキのよう
に引き継いでいく“夢伝”の営みだと考えてきた。

　駅伝チームが成長するように、授業研究を実施する過程で教師個人も
学校組織も学び、成長することを「授業研究の充実」だと考えている。

② 授業研究の意義

(1) 専門的力量の発展

　授業改善を目的とする授業研究の過程は、事前検討会（学習指導案の
検討、協議事項の共有）、授業の実施（参観・記録・分析）、事後検討会（協
議・改善案の整理）、改善案の実施（評価と報告）が考えられる。

　授業研究の意義は、この過程で「参加者それぞれの発見や考察を交流
して学び合い」「教師という専門的職業における専門的力量の発展」（稲
垣・佐藤，1996）を実現することである。

(2) 協働性・同僚性・語り合いがある組織づくり

　稲垣・佐藤（1996）は、授業研究では「相互触発をとおして自分を変
えていくプロセス」が生じ、「人や文化と出会い、自分の視野を広げ深
めていく楽しさがある」としている。また、村上・岩瀬（2020）は授業
研究の過程や対話を工夫することで、「学び続ける組織になり、職員室
が変わる」ことを紹介している。

　授業研究により、「協働性（共通の目的のために対話し、新たなものを生
成するよう協力して働く）、同僚性（職場で気楽に相談し合い、助け合い、励

まし合う人間的な関係)、語り合い（話し合い、相談し、知恵を出し合う）が
ある組織づくり」（新井，2016）が期待される。

(3) 学校生活・家庭生活の支援の改善

知的障害教育では「実際的な生活場面の中で、具体的に思考や判断、
表現できるようにする指導が効果的」（文部科学省，2018）である。授業
研究による改善案の検討・実施・評価が、実際的な生活場面である学校
生活・家庭生活の支援の改善につながることを重視したい。

2 専門的力量（授業力量）のとらえ

教師の専門的力量は、授業の実施で考えると授業力量である。木原
（2012）は、授業力量の３層モデル（木原，2004）を紹介している。

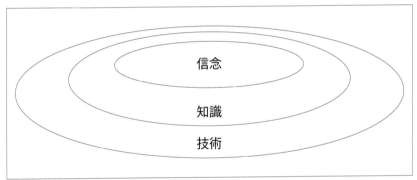

図3-5-1　授業力量の３層モデル（木原，2004）

(1) 信念

信念は、子ども観（育てたい児童生徒像等）、授業観（めざす授業像等）、
学校観（めざす学校像等）で構成される。

授業研究でとりわけ重要なのは、育てたい児童生徒像が語られ、共有
されていくことだと考えてきた。育てたい児童生徒像が共有されていな
いと、授業観や学校観を語り合い、深めることが難しいことを経験して
きた。

また、木原（2012）は、信念に授業レジリエンス（不本意な結果や失敗に耐える力、厳しさを子どもとの人間関係の充実によって「しのぐ」あるいは「納得する」力）を位置づけ、注目すべきとしている。

　授業レジリエンスは、前述の同僚性によっても培われると考えられる。筆者の経験であるが、事後検討会後、先輩教師が隣席のＡ先生に「Ａ先生は授業の得意な型を持っているね」と語られるのを聞いて、自分の授業を見つけなさいと励まされたように思い、授業力量の足りなさを素直に認め、高めたいと強く思ったことがある。

(2)　知識

　知識は、教材内容の知識、教授方法の知識、児童生徒の知識で構成され、それぞれが重なり合う特徴があるとされている（吉崎，1987）。

　この３つの知識は、学習指導案の「単元・題材設定の理由」等の項に記述される。また、重なり合いは、「個に応じた支援を実現するための知識」や「支援の適切さを検証するための知識」（吉崎，1987）として、学習指導案の「個別の支援（留意点）」等に記述されると考えられる。

(3)　技術

　柴田（1990）は、技術を教材研究、授業の設計、授業の展開の３つのカテゴリーに整理している。観察可能なことが多く、学校で使用される「授業改善チェック表」「授業観察表」等の項目になっている。

　一方、水越（1987）は、技術には、３つのレベルがあり、レベルが高くなるにつれ、「一般化とは対照的な個性化の色彩が強くなる」としている。要約して紹介する。

　　レベル１：条件通りにやれば、いつでも、どこでも、誰にでも再現でき、ほぼ同じ効果が期待できる技術
　　レベル２：方法や注意事項等を明記し、図や写真を添えておけば、他の教師に伝達可能な技術
　　レベル３：教師・児童生徒・環境等の様々な条件と相互作用をもって

いて、直ちには他の教師に伝達することが難しい技術

　３つのカテゴリーと３つのレベルを掛け合わせて技術を整理することができる。授業の設計のレベル３は、例えば、生活単元学習の単元のテーマを「その児童生徒、その時期、その学校・地域」で構想し、「児童生徒が判断して行動する・夢を追求する」単元計画を考えることである。様々な事柄を統合し、総合的・調和的に扱う技術といえる。

　レベル１とレベル２の技術は、授業研究の語り合いで扱われやすい。レベル３の技術は、実践をとおして教師自身が実感することが不可欠であり、授業実践をまとめる（＝意味づけ・価値づけをする）、発表する・文章にする等で語られると考えられる。

3 授業研究の語り合いの意義

(1) 信念、知識、技術を相互に関連づけ・発展させる

　信念、知識、技術は、相互に関連している。例えば、児童生徒を学ぶ主体として考える教師は、児童生徒が自ら追求する学習過程を構想し、授業では児童生徒の心の動きに関心を持ち、表情や動作等の非言語的な情報をとらえていくと考えられる。

　授業研究の語り合いは、授業者・授業研究参加者の信念、知識、技術を言語化し、相互に関連づけ・発展させていくことが期待される。

(2) 授業力量のある教師の即興的な思考・判断等を学ぶ

　丸野（2005）は、教師の熟達化研究の知見を整理している。熟達者（授業力量のある教師）は、児童生徒と対話しながら、つまずきやずれに対応していく（児童生徒の学習を中心にした授業展開）、即興的な思考・判断や専門的な知識に基づく熟慮を授業の中で統合し実践する（即興的な思考、文脈・状況に即した柔軟性のある思考・判断と行動）、授業後は重要なこと・鍵となることに集中した振り返りをすること（授業が上手くなる思考方略）等である。

授業研究の語り合いは、指導教諭等の授業力量のある教師の「即興的な思考・判断」「文脈・状況に即した柔軟性のある思考・判断と行動」「授業が上手くなる思考方略」を学ぶ機会になることが期待される。

4 語り合いを促す手立てと工夫

(1) 「学習者になってみる」

渡辺（2020）は、授業研究の事後検討会の課題として、「授業中の子どもの学びの姿（何を行っていたか、何を考えたり感じたりしていたか）を出しあう」あるいは、「付箋や模造紙を使ったグループワーク」をしても、「その教師の枠組みに当てはめただけになったり、持論のぶつけ合いに陥ったりする」ことを指摘している。この課題解決のため、事前・事後検討会で学習者の立場に立って学習活動を体験してみる（学習者になってみる）ことを提案している。効果として、「自らの学び手としての感覚を活性化し、子どもの側に立って授業を捉え直し、授業をとらえる視点が変わる」、年齢・経験年数等での遠慮などが生じず、「教師同士の関係性が変わり、互いに対等な立場で話し合うことが行いやすくなる」ことを報告している。

これまでも、遊びの指導の教材研究等で「学習者になってみる」ことは実施されてきているが、教師同士の関係性が変わることを明確に価値づけてこなかったのではないだろうか。検討会で「学習者になってみる」ことを経た語り合いの広がりが期待される。

(2) Round Study

石井・原田・黒田（2017）は、事後検討会で「知識創造につながる省察」（シングル・ループ）だけでなく「授業観・学習観・子ども観の再構成に至る省察」のループが生じること（ダブル・ループ）が重要であることを指摘している。ダブル・ループの省察と知識創造を生み出しやすくするためのしかけとして、グループワークで実施されてきた「ワール

ド・カフェ」を応用したRound Studyを紹介している。

　Round Studyの効果として、「子どもの学びや教室での出来事の解釈を目的とした、リラックスした雰囲気での対話の機会」を一時間程度で実現できること、「教え－教えられるという関係ではなく、共に悩みを共感し合う同僚性」が生じることが報告されている。

　「知識構成型ジグソー法」（白水，2020）と似た対話を重ねるデザインの語り合いであり、授業研究の事後検討会での語り合いだけでなく、教師の学びと行動を促す研修方法として広がりが期待される。

〔文献〕

新井肇（2016）『「教師を辞めようかな」と思ったら読む本』明治図書出版，pp.69-70

稲垣忠彦・佐藤学（1996）『授業研究入門』岩波書店，pp.245-246

石井英真・原田三朗・黒田真由美（2017）『Round Study：教師の学びをアクティブにする授業研究』東洋館出版社，pp.11-14

木原俊行（2004）『授業研究と教師の成長』日本文教出版

木原俊行（2012）授業研究と教師の成長，水越俊行・吉崎静夫・木原俊行・田口真奈『授業研究と教育工学』ミネルヴァ書房，pp.30-35

丸野俊一（2005）授業の効果を上げる，高垣マユミ編『授業デザインの最前線』北大路書房，pp.132-137

水越俊行（1987）『授業研究の方法論』明治図書出版，pp.15-22

文部科学省（2018）特別支援学校学習指導要領解説　各教科等編（小学部・中学部）

村上聡恵・岩瀬直樹（2020）『「校内研究・研修」で職員室が変わった！』学事出版，pp.25-37

柴田義松（1990）教育技術の特質は何か，柴田義松・杉山明男・水越俊行・吉本均編『教育実践の研究』図書文化社，pp.12-21

白水始（2020）『対話力』東洋館出版社，pp.58-75

吉崎静夫（1987）授業研究と教師教育(1)　教師の知識研究を媒介として，『教育方法学研究』13，pp.11-17

渡辺貴裕（2020）校内研修を変える，渡辺貴裕・藤原由香里『なってみる学び：演劇的手法で変わる授業と学校』時事通信出版局，pp.96-103

竹林地　毅

6

ICT活用による指導の充実

1 はじめに

　2020年に広がった新型コロナウイルスによって、世界の全ての人類が障害を受けることになった。これは、障害を個人による医療モデルではなく、社会モデルであると捉えられるからだ。つまり、私たちは身体的な障害を持っていなくてもさまざまな行動制限を受け、他人との相互交渉を制限されることとなった。その際に、大きな威力を発揮したのはインターネットを基盤とするICTの活用である。直接会わなくてもテレビ会議システムで仕事ができるようになった。自宅にいながら生活に必要なものをネットで注文して手に入れられる。それまでの社会生活では、特別なものとなっていたICTを当たり前に使う社会に変わってきた。学校現場においても、さまざまな学習にICTを使うようになってきた。しかし、それ以前の特別支援教育で課題とされてきたICTの活用は、このコロナの影響でどう変わってきたかは、丁寧に検証していかないといけない。それ以前にも、在宅で学校に行けない子どもたちはコロナが終息してもやはり学校には行けないのだから。

　本稿では特別支援教育の現場でICTの活用はどのような位置づけになっているかを国の施策から確認し、学校現場でのいくつかの実践を紹介しつつ今後の活用の方向性について論じていくことにする。

2　我が国の施策より

(1)　教育の情報化に関する手引[1]

　我が国の特別支援教育施策におけるICTの活用では「教育の情報化に関する手引」（以下「手引」と記す）がまずあげられる。これは、学習指導要領の作成にあわせて文部科学省が作成するもので、2010年に作成されたものに続き、2019年に作成されている。特別支援教育に特化したものではないが2007年に特別支援教育制度が始まったこともあり、2010年の手引では第9章として「特別支援教育における教育の情報化」として独立の章に特別支援教育でどのようなことが必要かを記している。しかし、2019年の手引では、各章の中に特別支援教育の内容を入れる体裁になった。これは、特別支援教育が独立した教育として扱われるのではなく、全ての教育現場において実施されるものであり、全ての教員がその内容を学んでおく必要があるからという考えからである（表3-6-1）。

　2019年に作成された手引において、特別支援教育でのICT活用がどのように取り上げられているかを述べていく。第1章4節では特別支援教育における教育の情報化として、その意義について「学習上又は生活上の困難を改善・克服させ、指導の効果を高めることができる重要な手段である。」としている。障害による困難さを支援するツールとしてICTは大きな役割を果たす。それは、例えば見ることに困難があっても、音声で読み上げてくれたり、文字を拡大したりフォントを変えたりするなどの変更調整が容易なためである。そういった、特徴を知ることは特別支援教育に関わる全ての教員の基礎的な知識として必要であろう。

　また、以下のようなことも書かれている。「ICTを活用することは、新たな表現手段を可能にする。例えば、海外のIT企業では障害者を雇用しているが、それは単に福祉のためだけでなく、健常者では発揮できない力を示したり、多様な感性を提案することで、障害の無い人では気づきにくい誰にでも使いやすい製品を作ったりすることになる。」先ほ

表3-6-1　2010年と2019年の「教育の情報化に関する手引」の比較表

2010年の「教育の情報化に関する手引」	2019年の「教育の情報化に関する手引」
第1章　情報化の進展と教育の情報化	第1章　社会的背景の変化と教育の情報化
第2章　学習指導要領における教育の情報化	第2章　情報活用能力の育成
第3章　教科指導におけるICT活用	第3章　プログラミング教育の推進
第4章　情報教育の体系的な推進	第4章　教科等の指導におけるICTの活用
第5章　学校における情報モラル教育と家庭・地域との連携	第5章　校務の情報化の推進
第6章　校務の情報化の推進	第6章　教師に求められるICT活用指導力等の向上
第7章　教員のICT活用指導力の向上	第7章　学校におけるICT環境整備
第8章　学校におけるICT環境整備	第8章　学校及びその設置者等における情報化に関する推進体制
第9章　特別支援教育における教育の情報化	
第10章　教育委員会・学校における情報化の推進体制	

どの解説では、障害による困難さを補うという視点であるが、ここではその人の得意とすることを生かす面でもICTは有効であると述べている。

　ICTの活用は、障害による困難さを支援するという視点と、彼らの得意を伸ばし豊かな生活を送るツールであるということが述べられていると考える。このほかにも、特別支援教育におけるさまざまな事例を含め、ICTの活用について丁寧に説明されているので、ICTを活用する上で手引はぜひ読んでほしい。

(2)　新しい時代の特別支援教育の在り方に関する有識者会議　報告[2)]

　文部科学省は2019年9月から「新しい時代の特別支援教育の在り方に関する有識者会議」を開き、今後の日本の特別支援教育の課題と方向性について検討を進め、2021年1月にその報告を出した。この中でICTの

活用については１つの大項目として「ICT利活用等による特別支援教育の質の向上」としてまとめている。その中の「2. ICT活用による指導の充実と教師の情報活用能力」では「オンラインを活用した自立活動の実践的研究、文部科学省著作教科書のデジタル化等の推進、教師のICT活用スキルの向上」をポイントとして挙げている。

　オンラインを活用した自立活動の実践的研究としては、全国の自治体や大学等に文部科学省が研究委託をして実践的に検討していた。例えば高知県[3]では遠隔地の小学校などへ特別支援学校がオンラインを活用した自立活動の指導を支援する実践がある。高知県では、これまでにも特別支援学校が地域の小中高等学校等へ地域支援センターとして赴き、学校の支援をしている。しかし、肢体不自由や病弱の特別支援学校は県内には１校しかなく、また県域も広いため、学校に訪問しての支援には物理的な制約がある。そこで、オンラインを活用して研修情報を共有したり、ビデオ会議システムを使って、アセスメントなどの実践をおこなったりした。オンラインの良さは離れていても情報を交換できることであるが、ただインターネットにつながっているだけではなく、対面での支援とあわせることで、お互いに顔が見える形で実践された良い事例だといえる。

　また、文部科学省著作教科書とは通称「☆本」と呼ばれる教科書であるが、これらがデジタル化することで、児童生徒の実態に合わせた教材が提供されることになる。現在、大学等の団体でデジタル化が進められ、これにあわせた教材の実践研究が進んでいる。

３ 特別支援教育におけるICT活用の３つの視点

　文部科学省は特別支援教育におけるICT活用の視点として「視点１：教科指導の効果を高めたり、情報活用能力の育成を図ったりするために、ICTを活用する視点」「視点２：障害による学習上又は生活上の困難さを改善・克服するために、ICTを活用する視点」の２つを挙げている[4]。本稿では、視点１の部分について、新しい時代の学び方について２つに分けて提案するとともに、これからの特別支援教育におけるICTの活用

について提案する形で３つの視点で整理していく。

(1)　障害による学習上・生活上の困難を支援するという視点

　　これは、文部科学省の２つめの視点と同じものである。障害のある子どもたちは、その学びにくさゆえにさまざまな困難がある。ICTの活用は、そういった困難に対して「別の形で学ぶ」「能力を拡大する」という２つのアプローチになる。具体的に挙げると、前者は鉛筆を持って筆記することが難しい、重度の肢体不自由児が、視線入力装置を使ってパソコンを操作して、文字を書くなどが該当する。後者は弱視で見ることが難しい生徒がGIGA端末のカメラを使って黒板を見たり、画面拡大や白黒反転などで教科書や教材を見えるようにするなどになる。これ以外にもさまざまな方法で、障害による困難さを支援する方法があり、自立活動の指導の視点を中心に個々に利用することが大切になる。

(2)　新しい学び方を提供するという視点

　　これまでの学びでは、知識を教員から与えてそれを学ぶという方法が主であった。しかし、常時インターネットにつながるGIGA端末が手元にある子どもたちであれば、分からないことはネットで調べるように変わってくるだろう。そうなると、聞いたことを学ぶという方法から、テーマを決めて自ら課題を見つけて学ぶことが重要になる。東京都立石神井特別支援学校[5]ではPBL（Project Based Learning）として、子どもたちが自ら問題を見つけて解決する能力を身につけるような学習にICTを使っていた。知的障害のある子どもたちでも、適切な問いかけと、学習のポイントポイントで教員が支援をすることで学びに向かうことができる。

(3)　表現する力を発揮することによる
　　　豊かな力を育てるという視点

　　ICTをはじめとするデジタル機器は、障害のある人の表現する力を大きく拡張する可能性がある。例えば、ほぼ全身が動かないといわれる

SMA（脊髄性筋萎縮症）の子どもが、視線入力装置を使うことで絵を描いたり、音楽を奏でたりすることが可能になった[6]。また、海老沢の実践では知的障害のある子どもたちの表現するツールとしてのタブレット活用の実践もある。AIが発展することにより、同じことをするという力より独創的な表現力の方が私たち人間の役割になってくるのではないか。

4 おわりに

　Chat GPTに代表されるAIの進歩は、私たちの生活を大きく変えようとしている。特別な支援を必要とする子どもたちにも、その流れはくるであろう。しかし、だからこそ障害のある子どもたちにとってICTの活用の可能性は大きく、彼らの力になってくれるものになるはずである。臆せずぜひ、子どもたちのために有効に活用してほしい。

〔参考文献〕
1 ）文部科学省（2020）教育の情報化に関する手引
　　https://www.mext.go.jp/a_menu/shotou/zyouhou/detail/mext_00117.html
　　〔2023年9月1日最終閲覧〕
2 ）文部科学省（2021）新しい時代の特別支援教育の在り方に関する有識者会議報告
　　https://www.mext.go.jp/b_menu/shingi/chousa/shotou/154/mext_00644.html
　　〔2023年9月1日最終閲覧〕
3 ）高知県教育委員会（2023）ICTを活用した障害のある児童生徒等に対する指導の充実について
　　https://www.pref.kochi.lg.jp/soshiki/311001/2022033000176.html〔2023年9月1日最終閲覧〕
4 ）文部科学省（2020）特別支援教育におけるICT活用について
　　https://www.mext.go.jp/a_menu/shotou/zyouhou/detail/mext_00941.html
　　〔2023年9月1日最終閲覧〕
5 ）海老沢穣（2023）『iPad×特別支援教育：学ぼう、遊ぼう、デジタルクリエーション』明治図書出版
6 ）廣田愛（2019）視線入力装置活用事例，日本肢体不自由児協会編・発行『視線でらくらくコミュニケーション』pp.101-105

金森　克浩

多様なニーズのある児童生徒に求められる対応①
～自尊感情、自己理解への支援～

1 多様なニーズのある子ども達の自尊感情

　一般的には、日本の子ども達の自尊感情は諸外国と比べて低いということが、よく知られている。なかでも、多様なニーズのある子ども達は、同学年の子ども達と比べても、自尊感情が低いと感じている人は多いのではないだろうか。学校教育現場では、多様なニーズのある子ども達から「どうせ無理だし」「おれ、バカだし」といったような発言を聴くこともあろう。日本の子どもたちは諸外国に比べると自尊感情を高く維持することが困難な環境で育っており、そんななかで、多様なニーズのある子ども達の自尊感情に対して支援を実施していかなければならないのである。

　ただ、国内外の自閉スペクトラム症あるいはADHDのある子どもを対象とした自尊感情に関する研究においては、同年代の子ども達と比べて低いという研究は多いものの、同程度で変わらないという研究（例えば、小島・納富, 2013）もある。つまり、多様なニーズのある子ども達の自尊感情が同年代の子ども達と比べて必ずしも低いと断定することはできない。逆に言うと、多様なニーズのある子どもも、自尊感情の低下を予防し、適切な支援が展開できれば、同年代の子ども達と変わらない程度の自尊感情を抱くことはできると言える。それでは、どのような支援が求められるのであろうか？

2 多様なニーズのある子どもの自尊感情の支援

　子どもの自尊感情の支援では、まず、その子自身にとって重要な領域、

事柄を把握することが望まれる。それは、その子の自尊感情の影響要因となる可能性が高いためである。例えば、漢字の読み書きに顕著なつまずきのある子どもであっても、得意なスポーツの領域をいかして体育の授業はもちろん、サッカークラブなどでも活躍していると、自尊感情が適度に高い状態で維持されていることがある。この場合、子ども本人がスポーツの領域を重要と考えているために、漢字の読み書きが苦手でも、自尊感情を適度に維持できるような状態になる。このように、自尊感情の影響要因を把握するためには、その子がどのような領域に興味・関心があり、重要と考えているかを捉える必要がある。

　そして、子どもが興味・関心を抱き、重要と考えている事柄を、周囲の大人は、できれば認め、受け入れて欲しい。保護者が、例えば「得意で大好きなサッカーを一生懸命がんばってね。」と、子どもの興味・関心や重要度の高い事柄に対して励ましのメッセージを伝えると、子どもは親から認められた安心感と応援してくれたことに対して喜びを感じるだろう。逆に「サッカーはやらなくていいから。もっと勉強をがんばってできるようになって。勉強ができないと、ダメだよ。」などと伝えると、子どもは自分のがんばりを認めてもらえず、自分自身を否定されたような辛さを抱えるかもしれない。したがって、子どもの重要度の高い事柄については、自尊感情への影響をも考慮した声掛けが求められよう。

　子どもの自尊感情の低下を予防するためには、本人の達成経験を多くするとともに、失敗経験を減らすことが求められる。多様なニーズのある子ども達も、教科学習、体育、音楽など学校生活で何かしら成功経験を得ることができれば、自尊感情の低下予防につながる可能性も高まる。ただし、先にも述べたように、本人が重要だと思っている領域によって、自尊感情に対する影響度は異なってくる。したがって、単に成功経験が大切であるということではなく、子どもが重要だと認識している領域での達成経験を確保できるようにしたい。

　しかし、実際には例えば学習成績を重視している子どもが、テストで思うような結果が得られない、授業で活躍できないといったこともあろ

う。特に、テスト等、集団の中での相対的な位置が明らかになる場合、その結果が自尊感情に多大な影響を与えることもある。そのような場合、他者との比較だけに着目するのではなく、過去の成績に比べると伸びてきていることなど、本人なりに成長できていることを丁寧に伝えていくことが求められる。

　さらに、子どもの自尊感情は、他者との関わりで育ってくる。したがって、他者から称賛を受ける機会やポジティブな評価を受ける機会を確保し、過度な注意・叱責は避けたい。そして、他者から「ありがとう」と感謝される発言を受ける、あるいは「あなたが一緒に取り組んでくれたことで、いつもより早く片づけが終わった。」などと、本人が他者から必要とされていると実感できる経験を大切にしたい。家庭や学校などで、お手伝いなど本人が活躍できる役割を与えることで、他者から感謝され、他者のニーズに応える経験を増やしていくことができよう。

　そして、青年期頃になると、子どもは自分の理想像を描くようになる。しかし、高すぎる理想像は自尊感情の低下につながる可能性もある。夢や理想を抱くことは大切だが、「こうならなければ、ダメだ」といったような強いこだわりのある場合には、現実とのギャップに落ち込み、自尊感情の低下につながることも多い。多様なニーズのある子どものなかには、「絶対に～でなければならない」といった強い考え、こだわりを抱くこともあり、大人の助言をなかなか聞いてくれないといった状態になることもある。このような場合、「自分のポリシーを持つことはいいことではあるけれど、あまりに、ポリシーに縛られていると、心も疲れちゃうよ。よくがんばったね。今回は、一生懸命がんばってやった結果だから、自分をもっと褒めてあげよう。気持ちを切り替えて、次のことを一緒に考えてみよう。」などと自分自身を褒めてあげることの大切さ、心の健康のためにも、強すぎるポリシーから解放され、切り替えていくことの大切さを伝えたい。

　多様なニーズのある子どもは、理想とする結果が得られない経験を多くしがちである。思うような結果が得られなくても、「がんばった自分

をもっと認め、自分を褒めてあげていいんだよ」といった、自分を受け入れ、自分に対して優しい見方をすることの大切さを伝えていきたい。そして、次に失敗しないためにどのようにすればよいか、本人の辛さに寄り添いつつ、一緒に具体的な対策を考えるなど、次に向けての見通しがもて、希望を抱けるような支援が望まれる。自分を受け入れ、褒めることや、ポジティブな思考へ切り替えていくことが、自尊感情を適度に維持していくためにも、大切になってくる。

3 多様なニーズのある子どもの自己理解

　子どもの自己理解について検討する際に、子どもが自己理解「できている」、あるいは「できていない」といった発言がある。この場合の、「できている」、「できていない」、という基準は、他者からみた自己理解と一致しているかどうか？と照らし合わせていることが多いのではないだろうか。例えば、教師がある生徒の自己理解にかかわり、自分の得意なこと、苦手なことなどの回答について、生徒自身も教師と類似した結果であった場合、自己理解ができている、と判断されることが多いのではないだろうか。ただ、生徒が教師の回答と異なった自己理解であっても、なぜ教師との違いが生じているのかを検討することで、より深く生徒の自己理解を知ることにもつながろう。例えば、教師は国語や算数などのテストの成績も優れており、スポーツも抜群にできる子どもに対しては、肯定的な自己理解をしていると考えがちだ。しかし、そのような子どもが「私は、勉強もスポーツもできない。何も得意なことがない」と発言し、教師が「なぜ、そのように思うのか？」と尋ねたところ「お母さんから、いつも『お兄ちゃんは、もっと勉強もスポーツもできていたよ』と言われて、嫌な思いをしている。」と語るなど、自己理解の背景が明らかになることもある。

　そして、子どもの自己理解と他者から見た自己理解が一致するためには、他者から自分がどのように見られているかを理解できないと難しい。こうした他者から自分がどのように見られているか、客観的な自己理解

をもっと認め、自分を褒めてあげていいんだよ」といった、自分を受け入れ、自分に対して優しい見方をすることの大切さを伝えていきたい。そして、次に失敗しないためにどのようにすればよいか、本人の辛さに寄り添いつつ、一緒に具体的な対策を考えるなど、次に向けての見通しがもて、希望を抱けるような支援が望まれる。自分を受け入れ、褒めることや、ポジティブな思考へ切り替えていくことが、自尊感情を適度に維持していくためにも、大切になってくる。

3 多様なニーズのある子どもの自己理解

　子どもの自己理解について検討する際に、子どもが自己理解「できている」、あるいは「できていない」といった発言がある。この場合の、「できている」、「できていない」、という基準は、他者からみた自己理解と一致しているかどうか？と照らし合わせていることが多いのではないだろうか。例えば、教師がある生徒の自己理解にかかわり、自分の得意なこと、苦手なことなどの回答について、生徒自身も教師と類似した結果であった場合、自己理解ができている、と判断されることが多いのではないだろうか。ただ、生徒が教師の回答と異なった自己理解であっても、なぜ教師との違いが生じているのかを検討することで、より深く生徒の自己理解を知ることにもつながろう。例えば、教師は国語や算数などのテストの成績も優れており、スポーツも抜群にできる子どもに対しては、肯定的な自己理解をしていると考えがちだ。しかし、そのような子どもが「私は、勉強もスポーツもできない。何も得意なことがない」と発言し、教師が「なぜ、そのように思うのか？」と尋ねたところ「お母さんから、いつも『お兄ちゃんは、もっと勉強もスポーツもできていたよ』と言われて、嫌な思いをしている。」と語るなど、自己理解の背景が明らかになることもある。

　そして、子どもの自己理解と他者から見た自己理解が一致するためには、他者から自分がどのように見られているかを理解できないと難しい。こうした他者から自分がどのように見られているか、客観的な自己理解

ができるようになるのは小学校中学年から高学年にかけてである。この頃になると、多様なニーズのある子どもは、目立つかたちでの特別な支援を嫌がる、あるいは通級指導教室に通うことを拒否するようになることもある。つまり、周りの友達とは違う、特別な支援を受ける存在として自分が他者から見られることに対して抵抗感を抱くようになる。支援を行う人は、こうした他者から自分はどのように見られているかということを、子ども本人がどの程度意識しているのか考慮した上で、支援の在り方を検討していくことが求められる。

　子どもの自己理解は成長にともなって発達がみられるが、その発達過程において他者とのかかわり、他者からの本人に対する言動に大きな影響を受ける。この点は、自尊感情とも共通している。ただ、自己理解は自分に対するイメージであり、子ども自身が描いている、より具体的な内容と言える。

４ 多様なニーズのある子どもの自己理解と支援

　多様なニーズのある子どものなかには、虐待、注意・叱責などの身近な大人からの強い否定的な繰り返される言動により、「自分は、何もできないダメな人間だ」などと自分自身に対して全般的にネガティブな理解、あるいは「勉強ができなくて、バカだ」など、できない特定の部分だけに焦点を当てたネガティブな理解をしていることも多い。それだけに、まずは自分のよさや強みを理解できるような支援が求められる。

　自分の強みについては、他者と比較して何が優れている、できるといった能力的な部分に着目するのではなく、「性格的な強み（例：誰に対しても優しく接することができる）」に着目できるようにしたい。その理由は、能力的な強みは、他者との比較が生じるため、その比較相手によっていつも強みとして実感できるとは限らないからである。特に、多様なニーズのある子ども達は、同級生との比較のなかでは強みを実感しにくくなることが予想される。しかし、性格的な強みは、他者との比較は生じない。いわば、自分のなかで意識できる持続可能な強みと言える。したが

って、多様なニーズのある子どもにとって、性格的な強みをしっかりと理解できることは、肯定的な自己理解につながる大切なことであり、支援にかかわる人は本人にしっかりと伝えたい。

　次に、多様なニーズの子どもの自己理解の支援では、自分の苦手なことや一人でできないことを自己理解し、支援が必要なことについて明確な意思表示を行っていくことが求められる。そのためには、必要なことがあれば支援を求めても大丈夫、と安心できる雰囲気、環境設定が必要となる。多様なニーズのある子ども達のなかには、対人関係面での不安が強く、他者に援助要請をすることが難しい場合もある。したがって、周囲の大人は、子どもが安心して援助要請できる環境を設定することが求められる。

　さらに、多様なニーズのある子どもの自己理解は、ネガティブな経験をより多くしているため、苦手なことは理解できているものの自分の得意なことや好きなことの理解はできていないなど、偏った理解になりがちである。それだけに、自分には、「得意なこと」、「苦手なこと」、「支援を受ければできること」など、多面的な自己理解を支援していくことが求められる。多面的な自己理解につなげるためには、日頃から、周囲の大人はその子自身の色々な側面があることを伝えたい。また、授業や活動の振りかえりの時などに、他者からよかった点、がんばった点を評価されるなど、他者からの肯定的な評価を受ける機会も、新たな自分の一面を知る機会になる。授業などの振りかえりにおいても、子どもの自己評価だけでなく、友達、教師など多角的な観点から肯定的な評価や助言を受ける機会を確保していきたい。

〔文献〕
小島道生・納富恵子（2013）高機能広汎性発達障害児の自尊感情，自己評価，ソーシャルサポートに関する研究：通常学級に在籍する小学4年生から6年生の男児について，『LD研究』22(3)，pp.324-334

小島　道生

8 多様なニーズのある児童生徒に求められる対応②
～コミュニケーションと社会性の支援～

1 コミュニケーションと社会性の教育

　特別支援教育において、コミュニケーションと社会性に関する教育の目標は自立活動の領域の中に示されている。それらは特別支援学校学習指導要領の自立活動の区分「コミュニケーション」と「人間関係の形成」に主に含まれる（表3-8-1）。

表3-8-1　自立活動の区分「コミュニケーション」と「人間関係の形成」

コミュニケーション
(1)　コミュニケーションの基礎的能力に関すること
(2)　言語の受容と表出に関すること
(3)　言語の形成と活用に関すること
(4)　コミュニケーション手段の選択と活用に関すること
(5)　状況に応じたコミュニケーションに関すること
人間関係の形成
(1)　他者とのかかわりの基礎に関すること
(2)　他者の意図や感情の理解に関すること
(3)　自己の理解と行動の調整に関すること
(4)　集団への参加の基礎に関すること

　「コミュニケーション」は文字通りコミュニケーションに、「人間関係の形成」は主に社会性に関係するだろう。自立活動のこの2つの区分とその項目に関連付けてコミュニケーションと社会性の教育について、発達的な課題、指導と支援の留意点、および今後の展望について考える。

2 コミュニケーションの教育

⑴　コミュニケーションと言語の発達

　「コミュニケーションの基礎的能力」の発達に重要な心理機能として共同注意がある。共同注意とは他者の視線を追従したり指さしに応じたりすることや、指さしや視線などで自分が注意を向けている対象に他者の注意を向けさせる行為である。通常の発達では生後9か月頃に出現するが、自閉症の特性をもつ児ではみられにくく、自閉スペクトラム症（ASD）の早期のスクリーニングの指標にもなっている。自閉症の教育において、共同注意の機能と発達の理解は重要なポイントとなる。

　共同注意は他者と経験や話題を共有することに関係するため、人間関係の形成にもつながる。また、言語の形成の基盤にもなる。言語指導においては共同注意の問題を考慮した指導が有効である。例えば、自閉症の子どもに言葉を教える場合、名づける対象に注意を向けさせる（例：「これ見て。○○だよ」）方法より、子どもがその対象に注意を向けたタイミングでその名を言う（例：子どもが目を向けた物を指さしながら「○○だね。」）方法の方が対象と語が結びつきやすくなる。

　言語の形成のもうひとつの基盤に象徴機能（シンボル機能）がある。象徴機能はふりや見立てなどの行動として最初に現れる。棒をスプーンに見立てて食べるふりをしたり、積み木を車に見立てて遊んだりすることなどである。象徴機能は言葉の意味を理解する土台になる。例えば「りんご」という語を聞いてりんごのイメージを思い浮かべるのは象徴機能の働きによる。自閉症の教育において広く活用されている「太田ステージ」によるアセスメントと指導は象徴機能の発達の観点から言葉や数の学習を考える点に特色がある。

⑵　多様なコミュニケーションに向けた指導と支援

　「コミュニケーション手段の選択と活用」についてはAAC（Augmentative & Alternative Communication：補助・代替コミュニケーション）の視点が重要である。AACとは音声言語の障害を他の手段で補ったり代替したりすることによるコミュニケーション支援法で、障害は個人と環境との相互作用において生じるというICFの障害観に立脚している。音声言語の習得のみを目的にした訓練から多様なコミュニケーション手段を活用し社会的な参加を拡げるための支援へという方向性をもち、インクルージョンの理念に沿った考え方といえる。

　音声言語以外のコミュニケーション手段としては絵や写真などがよく使われている。しかし、それらは理解を援助するための視覚的な手がかりとして使われることが多く、自発的な意思伝達の手段として十分活用されているかどうかは検証が必要であろう。特に自閉症の特性をもつ子どもの場合、AACを実用的なコミュニケーション・ツールにするには特別な指導が必要で、その知識とスキルが求められる。

　自閉症の子どもへの効果的なAACの指導法のひとつにPECS（The Picture Exchange Communication System：絵カード交換式コミュニケーションシステム）がある。PECSでは自発的にコミュニケーションを始めることにポイントが置かれ、対象物の絵・写真カードを相手に手渡し、相手からその物を受け取るという絵と物の交換を基本とした指導がなされる。それによってやりとりが可視化され、自閉症の子どもにもコミュニケーションの状況が理解しやすくなる。PECSの指導経過でアイコンタクトなどの共同注意行動や音声言語表出の増加といったコミュニケーション発達への副次的な効果も報告されている。「コミュニケーションの基礎的能力」、「言語の受容と表出」、「言語の形成と活用」などにも効果が波及するということである。

　そして現在、AACによる指導・支援はICT技術の進歩によって可能性を拡げている。今日ではタブレット端末で撮影した画像を編集してコミュニケーション・ツールを簡易に作成できる。また、VOCA（Voice Output Communication Aid：音声出力型のコミュニケーション・エイド）のアプリも入手と利用がしやすくなった。タブレット端末と支援アプリは、

コミュニケーション・ツールへのアクセスのバリアを大幅に解消した。コミュニケーション支援のためのICTの活用は今後さらなる発展が期待できる。

(3) 言語指導における自立活動と教科の関係

「言語の受容と表出」「言語の形成と活用」は自立活動の項目であるが、国語の教科とも関係する。特別支援学校学習指導要領には国語の目標として「言葉の特徴や使い方に関する事項」が挙げられている。言語指導において自立活動と教科の指導をどう整理し、それぞれの目標を設定するか。また、言語聴覚士などの外部専門家と連携する場合、言語指導に関してどのように役割分担するかは今後の課題となるところであろう。

3 社会性の教育

(1) 社会性の発達

社会性の発達は「人間関係の形成」を基盤とする。人間関係の形成の出発点には愛着関係の形成がある。愛着（アタッチメント）とは母親やその他の養育者との心理的な結びつきのことで、養育者が子どもの心の安全基地になることである。愛着は「他者とのかかわりの基礎」となることがわかっている。それは「コミュニケーション」や「心理的な安定」にも関係し社会性の発達の土台となる。学校や教師が子どもにとっての安全基地になっているかどうかの点検がまずなされるべきである。

(2) 相互理解のための指導と支援

「他者の意図や感情」などの心の理解は前述した共同注意に初期の形態をみることができる。次いで「心の理論」と呼ばれる心理機能が発達する。心の理論は他者に心的状態を帰属する働きのことである。心的状態の帰属とは、例えばコップに手を伸ばしている人を見てコップを取ることを欲していると思うなど、行動の背後に心の状態があることを推測

することである。心の理論は通常の発達だと4歳頃に獲得されるが、自閉症の子どもの場合、知的な発達に遅れがなくても、その機能の発達に著しい遅れが生じる。そのような特性への理解が必要である。

　他者の意図や感情などの心の理解の困難に対する支援としては、目に見えない心の状態を視覚的に明示することが効果的で、具体的な指導法として「コミック会話」がある。心の理解の困難によって生じたコミュニケーションのすれ違いをふり返り、問題が生じた原因を理解し、関係を修復することがなされる。コミックすなわち漫画の形式で、子どもと相手の発言とその時の心の状態を絵と吹き出しでかきこむ。それを参照しながらやりとりし、外に現れた行動や言葉の背後にどのような意図や感情があるかの理解を促す。コミック会話もPECSと同様にコミュニケーションを可視化する手法で自閉症の特性に配慮した支援法である。

⑶　社会参加のための指導と課題

　「集団への参加の基礎」として様々なソーシャルスキルの習得がある。ソーシャルスキルは他者と良好な関係を築き円滑な社会生活を送るために役立つ様々な技能のことである。例えば、挨拶、感謝、謝罪、援助要請などは社会生活、特に就労において必須のスキルであろう。

　ソーシャルスキルの指導にはソーシャルスキル・トレーニング（SST）が行われる。SSTは以下の要素からなる。①インストラクション：目標となる行動を教示する。②モデリング：その行動を実際に行って見せるなど例示する。③リハーサル：ロールプレイなどで目標とする行動を実際に行って練習する。④フィードバック：目標の行動が適切に実行できているかどうかを伝える。⑤般化：習得したスキルを様々な場面や相手に活用できるよう促す。

　SSTの問題点として般化や維持の難しさがある。指導場面で習得したスキルが他の場面で活用できないことや長続きせず使われなくなってしまうことである。そのため、スキルとそれを活用する場面との関連がわかるように指導することが特に重要となる。例えば、就労に向けた現場

実習で想定される場面をシミュレーションしてロールプレイを行うなど
で、それは「状況に応じたコミュニケーション」の指導といえる。バー
チャル・リアリティ技術の活用などによって、状況に応じたコミュニケ
ーションの指導はこれから多くの可能性があるだろう。

⑷　社会参加とセルフアドボカシー

　社会参加において進路選択は重要な課題である。特に就労においては
適性のある仕事に就くことはライフコースにおいて最も重要なことのひ
とつであろう。そのポイントとなるのが自己理解である。

　自己理解の指導としては例えば次のようなことを行う。得意なことと
不得意なことを整理する。まず得意なことをリストアップし、次いで不
得意なことをリストする。そして、不得意な苦手なことの中で時間をか
ければできることや援助があればできることを整理する。さらに、何を
誰に手伝ってもらうかなどをまとめる。

　インクルーシブな社会に向け、障害のある当事者として重要なことは
合理的配慮を要請できることで、そのためにセルフアドボカシー（自己
権利擁護）が役に立つ。セルフアドボカシー・スキルの獲得は「自己の
理解と行動の調整」におけるこれからの重要な目標となるだろう。

4　今後の展望～インクルーシブな社会に向けて～

　コミュニケーションと社会性の指導は従来、定型発達者のコミュニケ
ーションスタイルに合った行動の仕方を習得することが目標とされてき
た。しかし近年、多様性（ダイバーシティ）の包摂が重視される中で、障
害のある子どもたちのコミュニケーションスタイルを尊重し、強さを活
かす「ストレングスベース・アプローチ」が注目されるようになった。
自立とは一人で生きることでなく依存先を増やすことであるという自立
観も最近注目されている。そのような新たな自立観の下で、特別支援教
育の目標を見直す時代が来ているのではないだろうか。

藤野　博

9

多様なニーズのある児童生徒に求められる対応③
～児童生徒の行動から考えるポジティブ行動支援～

1 行動面のニーズ

　今日、通常の学級には、知的発達に遅れはないものの学習面又は行動面で著しい困難を示す児童生徒が8.8％在籍しており、そうした児童生徒に必要な支援を学校全体で推進することが緊喫の課題である（文部科学省，2022b）。このような課題に対して、ポジティブ行動支援（Positive Behavior Support、以下PBS）の知見が参考になる。これは、個人の生活の質を高めることで、行動の問題を最小化するものであり、そのために、個人の行動レパートリーを拡大する教育的方法とその行動が発揮できる生活環境を構築する応用科学である（Carr et al., 2002）。本稿では、このようなPBSの視点から、とくに行動面のニーズのある児童生徒に焦点を当てた支援について解説する。

⑴　行動面のニーズへの対応

　教室において、児童生徒は課題に取り組まない等の「して欲しい行動」をしないことがある。また、授業中に騒ぐ等の「して欲しくない行動」をすることもある。こうした場合、「困った」児童生徒と捉えてしまいがちであるが、「困っている」のは児童生徒である。とくに認知発達に偏りがあると、適切な支援がなければ、わからない（未学習）、うまくできない（不足学習）状態に陥ってしまう。そうした中で、児童生徒は今できる行動で対応し、それを学習してしまう（誤学習）。すなわち、重要なのは、困った行動への対応ではなく、その背景にある児童生徒のニーズを理解し、望ましい行動で力を発揮できるように支援を行うことであ

る。

⑵ 行動を学習するメカニズム

　児童生徒の行動面のニーズを理解するために、行動を学習するメカニズムを理解しておこう。私たちは日々の経験で様々な行動を学習する。その学習には行動した後の結果が影響する。ある状況で、ある行動をするのはその状況で有効な結果が生じるからである（図3-9-1）。そこで、「Ａどんな時に、Ｂどんな行動をすると、Ｃどんな結果」が生じるかを観察してみよう。授業中に騒ぐと先生が注意する（先生が注目する）。それ以外に、注目されなければ、騒ぐ行動は授業中に先生の注目を得る有効な行動として学習される。このように、児童生徒の行動を周囲とのかかわりの中で観察すると、その行動が周囲に果たしている機能（意味）がみえてくる（表3-9-1）。

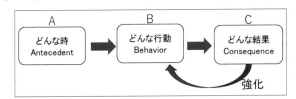

図3-9-1　行動を学習するメカニズム

表3-9-1　困った行動の機能（意味）

注目の獲得	注目されない状況で、その行動をすると周囲が注目したり、かかわる
逃避の獲得	嫌な物や活動がある状況で、その行動をすると、それらから逃れられる
物や活動の獲得	欲しい物やしたいことがある状況で、その行動をすると、それが得られる
感覚刺激の獲得	何もすることがない状況で、その行動をすると、感覚刺激が得られる

O'Neillら（1997）を参考に作成

(3) 児童生徒の行動から考えるポジティブ行動支援

　周囲とのかかわりの中で、児童生徒の行動の機能（意味）を理解すると、今の困った行動は児童生徒の望ましい行動を育むチャンスとなる。競合行動バイパスモデル（O'Neillら，1997）から、支援の方針を考えることが

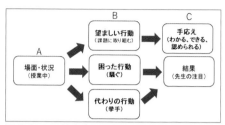

図3-9-2　競合行動バイパスモデル
O'Neillら（1997）を参考に作成

できる。現在、授業中に、騒ぐと、先生は止めさせようと注意しているが、その注意が騒ぐ行動を強化している（図3-9-2の真ん中）。そこで、①児童生徒の望ましい行動を引き出し、手応えが生じるようにする（図3-9-2の上）。課題に取り組みやすい状況をつくり、取り組んだら、手応えがあるようにすれば、望ましい行動をしやすくなる。また、②代わりの行動を教える（図3-9-2の下）。例えば、挙手により、先生の注目を得られれば、騒ぐ行動をする必要がなくなる。このように児童生徒の行動の機能を理解すれば、困った行動への対応ではなく、望ましい行動を育成する支援を考えることができる。

2 スクールワイドPBS

(1) スクールワイドPBSの背景

　児童生徒の望ましい行動の育成を学校全体で行うのがスクールワイドPBSである。その背景には、学校での暴力や規律違反等が問題となる中で、厳しく指導するだけでは効果がなく、むしろ反社会的行動が増えたという状況があった。そうした中で、必要なのは、罰ではなく、望ましい行動の育成であることが確認された。それも、問題は個々の児童生徒ではなく、望ましい行動が発揮できない学校環境であると考え、学校そのものを安全で学びやすく、社会性を育む環境にすることが目指され、

PBSの知見が導入されたのである。このようなPBSは、米国では障害のある個人教育法（IDEA）に位置づけられ、国が推進するものとなっている（平澤，2019）。今や世界的に普及しているが、2017年には日本支部も設置され、自治体が教育振興計画に位置づけた取り組みも始まっている。

⑵　予防的多層支援モデル

スクールワイドPBSは、児童生徒の望ましい行動を育成する社会的文化や個別の行動支援を確立するための予防的多層支援モデルである（図3-9-3）。全ての児童生徒を対象とした第1層の支援を土台として、リスクのある児童生徒への第2層の支援、すでに問題を示している児童生徒への第3層の支援を構築する。これは、全ての児童生

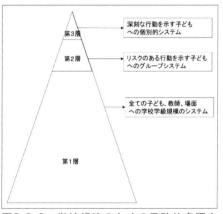

図3-9-3　学校規律のための予防的多層支援モデル（Hornerら，2005）

徒が学びやすく、認められる環境を土台として、不適応を予防し、個々に必要な支援を講じるものである。このようなモデルは、多様な教育的ニーズを包有する学校教育の充実である。新しい生徒指導提要に示されている児童生徒の成長を促す積極的な生徒指導（文部科学省，2022a）につながる。

3 スクールワイドPBSの実際

⑴　教師と児童生徒が協働して学びやすく、認められる学校をつくる

スクールワイドPBSは、教師と児童生徒が協働して、学びやすく、認

められる学校をつくる。そのために、とくに土台となる第１層の支援では、教師と児童生徒が「大切にしたい」行動を具体化し、学ぶ計画をつくり、取り組みの環境を整え、認め合う仕組みをつくる（表3-9-2）。

表3-9-2　スクールワイドPBSの進め方

①	教育目標	自分も友達も大切にする	
②	大切にしたい行動を具体化	友達と話をする時は、あったか言葉を使おう	
③	なぜ、それを大切にするか理由	あったか言葉を言われたら、気持ちいい	
④	場面を決めて、練習する方法	算数の授業で、間違った時	
		○良いモデル　いいよ、だいじょうぶ、次はできるよ！	×悪いモデル　なにしてるの、だめだなあ……
⑤	取り組みを行い、認め合う方法	あったか言葉を使おうのポスターを掲示　あったか言葉を聞いたら、樹木に貼る	
⑥	成果を共有する方法	校長先生が全校朝会で発表　児童会・生徒会が昼休みに放送	
⑦	学校文化として継続する方法	児童会・生徒会が引き継ぐ	

徳島県教育委員会・東みよし町（2018）を参考に作成

　どの学校にも、どのような児童生徒を育てたいかの教育目標がある。例えば、①教育目標が、「自分も友達も大切にする」であれば、②児童生徒と相談し、大切にしたいことを具体化し、③なぜ、それを大切にするのかを確認する。そして、④場面を決めて、練習し、⑤取り組み、認め合う。⑥その成果を共有し、⑦学校文化として継続する。

(2)　多様な教育的ニーズのある児童生徒を包有する学校づくり

　スクールワイドPBSの実践により、児童生徒の望ましい行動が増加し、困った行動が減少することが明らかにされている。なによりも、こうし

た取り組みを通じて、児童生徒が自らの目標に向けてがんばるようになり、教師は児童生徒の良さや可能性を理解し、支援を工夫するようになり、チーム学校力が高まることが報告されている。このようなプラスの循環は、多様な教育的ニーズのある児童生徒を包有し、安心して学び、成長できる学校づくりにつながるといえよう。

〔文献〕

Carr, E. G., Dunlap, G., Horner, R. H., Koegel, R. L., Turnbull, A. P., Sailor, W., Anderson, J. L., Albin, R. W., Koegel, L. K., & Fox, L. (2002). Positive behavior support: Evolution of an applied science. *Journal of Positive Behavior Interventions*, 4, pp.4-16, 20.

平澤紀子（2019）支援者の実行を支えるサポート：スクールワイドPBSから，『行動分析学研究』33，pp.118-127

Horner, R. H., Sugai, G., Todd, A. W., & Lewis-Palmer, T. (2005) Schoolwide positive behavior support. In L. M. Bambara & L. Kern (Eds.), *Individualized supports for students with problem behaviors: Designing positive behavior plans*. New York: Guilford Press.

文部科学省（2022a）生徒指導提要
https://www.mext.go.jp/content/20230220-mxt_jidou01-000024699-201-1.pdf 〔2023年7月25日最終閲覧〕

文部科学省（2022b）通常の学級に在籍する特別な教育的支援を必要とする児童生徒に関する調査結果について
https://www.mext.go.jp/content/20230524-mext-tokubetu01-000026255_01.pdf 〔2023年7月25日最終閲覧〕

O'Neill, R. E., Horner, R. H., Albin, R. W., Sprague, J. R., Storey, K., & Newton, J. S. (1997) *Functional assessment and program development for problem behavior: A practical handbook*. Pacific Grove: Brooks/Cole Publishing Co.

徳島県教育委員会・東みよし町教育委員会（2018）学校全体で取り組むポジティブな行動支援
https://manabinohiroba.tokushima-ec.ed.jp/3ccf8abe555bf918ea912652b4aaa547 〔2023年7月25日最終閲覧〕

平澤 紀子

10

多様なニーズのある児童生徒に 求められる対応④ ～できる状況づくり～

■1 「できる状況づくり」とその意義

　「できる状況づくり」とは、学校生活の諸々に、子どもが精いっぱい取り組める状況と、首尾よく成し遂げる状況をつくることを意味する。知的障害教育において子ども主体の教育理念と方法の確立に尽力した小出進（1933〜2014：全日本特別支援教育研究連盟理事長、植草学園大学学長）が提唱した教育論の中核的な考え方であり、用語である。「できる状況づくり」を端的に示す説明に次がある。

　「知的発達に障害があるために、『できない子ども』と言われがちな子どもたちである。この子どもたちを『できない子ども』と見るのではなく、『できない状況に置かれがちな子ども』と見たい。できる状況に置かれれば、できる姿を示す子どもだからである」[1]

　「できる状況づくり」は、子どもが活動に参加できなかったり、うまく取り組めていなかったりする様子があれば、それは、活動の設定や展開、教師による説明の仕方、教材・教具の工夫の不足など、その子どもが置かれた状況に問題があると見て、調整や改善を行うべきであるとする。子どもの示す姿は周りの状況次第によって大きく変わるとする指摘は、ICF（国際生活機能分類）に見る、国際的な障害概念の動向とも符号する考え方である。「できる状況づくり」は、子どもだけに課題を押しつけず、子どもの姿を肯定的に捉える子ども観と結びついた教育的支援のあり方を提示するものである。

　「できる状況作りに努めるのは、できる状況を作れば子どもはできる姿を示し、できる子どもになるからである。できる力をつけて、でき

る子どもにするのではない。できる状況を作って、できる子どもにするのである」[1]

できないことや苦手なことに着目して指導・訓練することは、子どもにとって負担が大きく、取り組みの満足感や達成感が得られにくい。そうではなく、子どもが置かれた状況を改善し、「今このとき」に、その子どもの状態で参加を実現することを目指すべきとする。

教育の場に限らず、まずは「練習」から始めて技能等が身についてから、「本番」の活動に参加するという進め方は少なくない。しかし、ハンディーのある子どもは、事前の練習に終始しがちで、本番の活動にたどり着きにくい。木工班の釘打ちの場面でまっすぐに釘が打てない生徒の場合であれば、釘を垂直に保持する補助具や使いやすい道具などを用意して、生徒がすぐに製品作りに取りかかれるようにする。生徒は、自分自身の力で「できる」という手応えを得ながら、製品作りの一工程を担っている実感や、仲間と協力する喜びや充実感などを感じることができる。

「できる状況づくり」の考え方の基底にあるのは、子ども主体・本人主体の思想である。子ども自身の発達への欲求も含め、真に子どものニーズに応じようとすれば、学校生活全体が調整の対象になる。子どもの生活年齢に応じて、子どもたちが求め必要としている活動を、一日の生活の中心において生活を整える。一定期間、子ども自身が生活上のテーマに浸りきり打ち込めるように一週間、一年間の流れを整える。「できる状況づくり」を追究すれば、「学校生活づくり」となる。

これら「できる状況づくり」の視点は、特別支援学校学習指導要領解説において、知的障害教育における「教育的対応の基本」としても取り扱われてきた。現行の解説では次のように示されている（一部抜粋）。

○児童生徒が、自ら見通しをもって主体的に行動できるよう、日課や学習環境などを分かりやすくし、規則的でまとまりのある学校生活が送れるようにする。

○生活に結びついた具体的な活動を学習活動の中心に据え、実際的な

状況下で指導するとともに、できる限り児童生徒の成功経験を豊富
にする。

○児童生徒の興味や関心、得意な面に着目し、教材・教具、補助用具
やジグ等を工夫するとともに、目的が達成しやすいように、段階的
な指導を行うなどして、児童生徒の学習活動への意欲が育つよう指
導する。

○児童生徒一人一人が集団において役割が得られるよう工夫し、その
活動を遂行できるようにするとともに、活動後には充実感や達成感、
自己肯定感が得られるように指導する。

2 「できる状況づくり」の実際

「できる状況づくり」は、千葉大学教育学部附養護学校（現在は、「千
葉大学教育学部附属養護学校」）をはじめとする生活中心の教育を志向する
特別支援学校などで実践的検討が積み重ねられてきた。授業などの活動
づくりに関しては、およそ次の諸点に整理されている[2]。

(1) 活動の選択、役割や分担の検討

活動の選択では、子どもたちが主体的に授業や活動に参加できるよう
に、子どもたちの興味や関心や、好きなこと、すでに経験して子どもた
ちがなじんでいることやできること、もう少しでできそうなことなどを
勘案して活動を選定する。その際、それぞれの子どもが力を発揮できる
状況や手立てが用意できるかどうかの見通しも大事になる。活動におい
て、子どもの役割や分担を検討する際も同様である。

(2) 活動グループの編成等

大人数での活動では、小グループに分けて取り組むと、活動が焦点化
され、子どもはめあてや見通しがもちやすくなる。グループ分けの際は、
子どもの様子のほか、子どもや教師との関わりなども考慮する。

(3)　活動の繰り返し

　活動を一回限りで終わらせるのではなく、何度も繰り返し取り組むことで、子どもは、しだいに見通しをもち主体的に取り組めるようになる。障害の程度に関わりなく、どの子どもも、その子なりにより上手に取り組めるようになる。結果として、期待する資質・能力も身につきやすくなる。週日課で、生活単元学習や作業学習などを帯状に配置すれば、一定のテーマのもと、毎日のように活動に取り組めるようになる。

(4)　活動の場の設定、遊具・道具・補助具などの工夫

　活動の流れや活動のしやすさを考慮して、活動の場の設定をする。作業学習などいくつかの工程がある活動では、工程順に配置すると、子どもにとって動きがわかりやすくなり、作業の流れがスムーズになる。そのほか、室内の温度や湿度、採光や照明、衛生面や安全面など環境上も配慮や工夫を行う。

　子どもたちは、自分で「できる」実感がないと、その場を離れたり、ぼんやりしたりしがちになる。活動で用いる道具や補助具、材料などを子どもに合わせて使いやすくすることも大事になる。遊びの場合であれば、子どもが好きな遊具を選べるようにしたり、できるだけ自分で操作して遊べたりするように工夫する。

(5)　活動量の確保

　子どもたちが活動に打ち込む姿になるためには、子どもたちに応じてじゅうぶんな活動量を確保することが必須となる。存分に取り組めない状況では、活動が漫然とし勢いもでない。

(6)　教師も共に活動する

　教師が子どもとテーマを同じくし、同じ気持ちで共に活動することは、子どもにとって何よりの励ましになり、支えとなる。共に活動すること

で、子どもの思いや必要な支援を感じ取ることもできる。共に活動することで、活動が盛り上がり、充実感や達成感も大きくなる。

「できる状況づくり」を徹底すれば、どんなに障害が重くとも活動に参加し、もてる力を発揮することができる。その例として、2007年に熊本県立熊本養護学校（現在は「熊本県立熊本支援学校」）の高等部重複学級で展開された作業学習について紹介する[3]。この実践は、学校祭での販売会に向けて重複障害学級の生徒10名と生徒8名で、本格的な和紙を漉き、製品「アロマランプシェード」（写真3-10-1）をつくるというものである。工程は、「紙料づくり」、「流し込み」（写真3-10-2）、「漉き上げ」（図3-10-1）、「水切り」（図3-10-2）、「成形」の5工程があるが、全工程にわたりスイッチを押したり教師の助力を得たりして、生徒自身が補助具の操作を行う、徹底した「できる状況づくり」を行ったものである。

どの工程も、たとえストレッチャーで横になった姿勢でも、生徒の判断やタイミングで操作できるよう、補助具の動きが見てわかるように工夫がなされている。一方、自分で操作できる生徒には、スイッチに頼らずに自身の体の動きで道具を操作するなど、個々に応じて工程や道具・補助具の工夫を行っている。

筆者は、この授業を参観したが、どの生徒も真剣なまなざしで活動に取り組んでいた。その姿からは、青年期の若者の頼もしさが感じられた。

  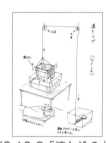 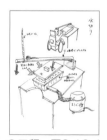

左から写真3-10-1製品ポスター、写真3-10-2「流し込み」の工程、図3-10-1「漉き上げ」の工程（※）、図3-10-2「水切り」の工程
※イラストは、当該学級の教師によるものである

③ 「できる状況づくり」とインクルーシブ教育

　「できる状況づくり」の本質は、子どもに合わせて周りの状況を整えることにある。知的障害教育は、歴史的経緯の中で、子どもの教育的ニーズに真摯に応じることで、教科等の別によらない指導形態である「各教科等を合わせた指導」を生み出したり生活活動を学習活動ととらえたりするなど、教育概念の変革が行われてきた。いずれも、教育を「子どもに合わせた」結果である。

　今日、子どもは多様になっている。日本においても、不登校の子どもや外国にルーツのある子どもなど、学校で実質的な参加と学びが得られにくい子どもは決して少なくない。これらの子どもたちの教育的ニーズに応じた教育を用意しようとすれば、知的障害教育が辿った道が示すように、学校教育の姿は自ずと多様になるはずである。

　インクルーシブ教育は、子ども主体・本人主体の観点から教育の変革を迫るものである。全ての子どもの実質的な参加と学びを保障しようとするインクルーシブ教育を真に目指せば、学級編制などの教育環境条件だけでなく、教育課程も含めて抜本的な変革が必要になるであろう。

〔文献〕
1) 小出進（1993）『講座　生活中心教育の方法』学習研究社，pp.93-96
2) 中坪晃一（1996）できる状況づくり，小出進編『発達障害指導事典』学習研究社，pp.475-476
3) 高倉誠一（2008）作業学習の取り組みを追って(4)：熊本県立熊本養護学校高等部重複学級の取り組みから（その２），『生活中心教育研究』12，pp.32-37

高倉　誠一

多様なニーズのある児童生徒に求められる対応⑤ ～コミュニケーションが取りにくい重度・重複 障害へのテクノロジーを活用した対応～

1 子どもたちの可能性を信じよう

　どんな子どもにも可能性が溢れている。見た目にどんな重度の障害であっても、想像以上の能力を秘めているものである。

　たとえば、脊髄性筋萎縮症の場合、本来であれば知的能力は健常者と変わりない。在宅生活している子どもの中には、コンピュータを使ったコミュニケーションが可能な例が数多くある。一方で、療養病院には数多くの同病の子どもたちが、初歩的なコミュニケーションの機会さえ与えられないまま寝かされ続けている。

　この両者の違いは、子どもとの関わり合いの量と質にある。子どもの可能性を信じ、どんどん関わり続けるのがとても大事である。テクノロジーを活用した支援機器により、どんなに障害が重くても「わかっている」ことが「わかる」ようになってきたのである。

2 テクノロジー活用で救われた女の子

　当時、養護学校小学部6年生だった女の子の例である（写真3-11-1左）。1学期が始まったばかりで、新しく担任になった教諭はどのように関わろうか悩んでいた。小学部生活5年間では、いわゆる教科学習は行われていなかった。それでも、教諭はテクノロジーを活用すれば「できるかも！」と思ったそうで、私がアセスメントすることになった。

(1) 視線入力によるアセスメント

　押しボタンスイッチおよびPPSスイッチを試したところ、随意的に動

かせる部位は見つけられず、視線入力を簡易的に行った。視線入力装置はTobii社のEyeTracker 4C、アプリは島根大学のEyeMoT 2DのスクラッチゲームおよびEyeMoT 3Dの風船割りゲームを使った。

⑵ しっかりゲームができた

スイッチ入力は困難だったものの、視線入力により思いの外上手にゲームを操作できた。特にスクラッチゲームを精度よくクリアできたのである。画面内の黒く塗られた部分を見ていくと、どんどん黒い部分が削られてイラストが出てくるゲームである。実に効率よく黒い部分を削っていき、しっかりと絵を表示させることに成功した（写真3-11-1右）。

写真3-11-1　小学部6年生の女の子（左）とスクラッチゲームの結果（右）

⑶ 過小評価されていたかもしれない

アセスメントの結果、眼球運動および認知機能は十分にあると思われ、小学部で教科学習をしてこなかったのには違和感があった。教諭は、この結果で自信をつけたことで教科学習を開始し、2学期には作文や算数ドリルにも取り組めるようになった。家庭では自費教材で学習をしてきたようである。子どもの反応は明確でないものの、可能性を信じて様々なことに取り組んできた結果が視線入力で可視化されたのである。

テクノロジーは、子どもの能力を可視化し、教諭などまわりの人たちが子どもの可能性をより信じられるきっかけを与えてくれた。

3 視線入力も成功体験から

新しいテクノロジーを使う際は、その特性を理解していないと「使え

ない」となる。ここでは、視線入力導入のケースについて簡単に示す。なお、機器やアプリの導入方法については割愛する。

(1) 成功体験の獲得

　視線入力は本来難しいものである。人間の目は、コンピュータ画面上のカーソルを操作するようにはできていない。きちんと使うには経験が必要なのである。それは鉛筆を使うのに似ている。手に何も障害がなくても、きれいに文字が書けるかどうかは練習次第であろう。

　はじめて視線入力を行うとき、「むずかしい」と思わせてしまってはいけない。「これならできる」と思ってもらう必要がある。ゲームには致命的な失敗はないから、安心して失敗できる。EyeMoT 3Dの風船割りゲームはそのためのアプリで、プカプカ浮いている風船を見て割るだけのルールである。風船の当たり判定は、風船の面積の約20倍になっているので、なんとなく見れば割ることができる。

(2) 「直接利用」と「間接利用」

　図3-11-1は、特性に応じたテクノロジー利用方針のおおまかな分布図である。これまでの支援機器は「直接利用」にあたり、子ども自身が機器を活用することでより効率的なコミュニケーションや学習を目指す

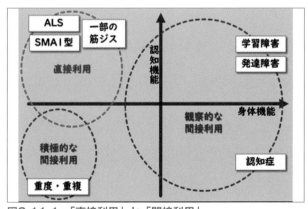

図3-11-1　「直接利用」と「間接利用」

使い方である。一方、「間接利用」は、重度・重複障害の子どものように、子どもが機器を積極操作するのではなく、まわりが観察的に使う方法である。

視線入力の場合は、何をどのように見ているのかを可視化する。写真や動画を見せて、モノを理解できているかどうかを観察できる。

(3) 「わかっている」ことが「わかる」ことでまわりが変わる

私たちは、目に見えていないものは信じにくいものである。それは子どもの可能性についても同様である。視線入力は「わかっている」を可視化しやすく、それを足がかりに子どもの可能性を信じることができるようになる。子どもの「わかっている」が「わかる」と、まわりは変わる。より積極的で前向きな支援につながりやすくなるのである。

4 情報を整理して可視化する

私たちは、わかりやすく可視化されていないと理解がむずかしい傾向がある。養護学校や特別支援学校の教諭でも、コンピュータを使った取り組みなのに結果を記録しない、たとえ記録しても適切な処理を行わずに、やりっぱなしになっている例をたくさんみてきた。ここでは、もっとも初歩的な記録の扱い方を示す。

(1) 記録する

どのようなゲームであっても、使用後に記録が残るものは、日付とともに整理して保存しておくべきである。スマホで写真や動画を撮ってもいいだろう。数値であればその後の統計処理により、客観的な情報を抽出できる。いずれも、保護者や関係者に対して説得力のある情報として提供できるし、研究会や学会でも発表しやすくなる。

表 3-11-1 は20回分の風船割りゲームの成績例で、値は風船を割った得点である。確かに回数ごとに得点は上がっているが、統計的な処理をしないと、どの程度上がっているのかは感覚的にしか表現できない。

表3-11-1　得点表

回数	1	2	3	4	5	6	7	8	9	10	11	12	13	14	15	16	17	18	19	20
得点	9	5	7	9	11	8	15	10	12	15	12	19	10	9	17	18	13	15	19	18

(2)　統計的な処理をする

　グラフを生成して、回数に応じてどのように得点が変化しているかを確認してみよう（図3-11-2）。表計算ソフトを使えば簡単である。ここでは、散布図としてグラフを生成し、さらに、直線を付加してどの程度得点が上がっているのかも図示する。

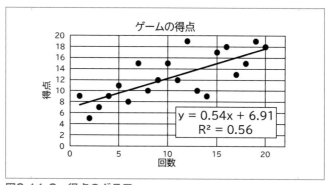

図3-11-2　得点のグラフ

　この直線は、最小二乗法による近似直線といい、表計算ソフトが自動的に計算して表示してくれる。図中にある一次式は、この直線の式であるから、傾きが得点向上度合いを示すことがわかるだろう。$R^2 (0 \sim 1.0)$ は、この直線の精度を示す。点がバラバラだと値が小さくなり、直線的に並んでいると値は大きくなる。0.5以上だと精度がよいとされており、今回は、0.56なのでおおむねよい値である。

(3)　処理の結果

　風船割りの得点を統計的に処理すると、直線の傾きが正を示しR^2が0.5以上なので、成績向上が統計的にも明らかになった。このように、客観的に結果を示すことはとても大事である。

5 やりっぱなしをやめよう

　テクノロジーの進化により、重度・重複の子どもにも適用できる機器やアプリが増えてきた一方で、やりっぱなしが増えてきた。授業のときだけ、余暇活動の一部だけで使ってそれっきりなのである。それではせっかくのテクノロジー活用も無駄になる。しっかり記録をとり、わかりやすく整理し、第三者に取り組みを説明できるようにしよう。

〔文献〕
脊髄性筋萎縮症とは？
　　https://www.togetherinsma.jp/ja-jp/home/introduction-to-sma/smn1-gene.html〔2023年8月1日最終閲覧〕
ポランの広場｜福祉情報工学と市民活動
　　https://www.poran.net/ito/〔2023年8月1日最終閲覧〕
Tobii Eye Tracker 5
　　https://gaming.tobii.com/product/eye-tracker-5/〔2023年8月1日最終閲覧〕
ピエゾニューマティックセンサースイッチ　PPSスイッチ
　　https://www.p-supply.co.jp/products/index.php？act=detail&pid=775〔2023年8月1日最終閲覧〕

伊藤　史人

12

これからのキャリア教育の
一層の充実に向けて

1 キャリア教育の推進による３つの成果と学習指導要領

　前回の改訂で高等学校及び特別支援学校高等部学習指導要領（2008・2009）に位置付けられた「キャリア教育」は、今般の改訂により小・中・高等学校及び特別支援学校小・中・高等部に位置付けられた。また、「特別活動を要として、その充実を図る」ことが明示され、より本質的な位置付けとなった。

　その間、特別支援学校では知的障害教育を中心に積極的に推進が図られてきたが、その背景としては「自立と社会参加」という命題に基づき、従前からコンピテンシーベースの教育活動をとおして「為すことによって学ぶ」「生きる力の育成」を重視した実践が展開されてきたことが挙げられる。また一方で、特殊教育から特別支援教育への転換や、インクルーシブ教育システムの構築に向けた取組を進める中で、特別の教育課程における教育内容・方法の一貫性・系統性の問い直しが課題として挙げられてきたことも背景の一つとして指摘できる。

　以上の背景から、これまでのキャリア教育推進の主な成果として、次の３点が挙げられる。１点目は「地域協働活動の推進」であり（以下、成果１）、学校内完結に留まらない、社会に開かれた豊かな教育活動が展開されてきた。２点目は「育てたい力」に基づいた授業及び教育課程改善であり（以下、成果２）、学校全体で「育てたい力」の柱を組織的に検討し、マトリックス状の枠組みを用いた「つながり」の確認と見直しが図られてきた。３点目は「キャリア発達」の理解と「内面の育ち」への注目であり（以下、成果３）、本人の「思い」や「願い」を踏まえた目

標設定や振り返りなど、対話が大切にされてきた。このことは本人主体の取組のさらなる推進や、「できる・できない」といった結果だけでなくプロセスの重視や価値付けにつながってきたと言える。

これらの成果は、現行学習指導要領が示した「社会に開かれた教育課程」「育成を目指す資質・能力」「主体的・対話的で深い学び」「カリキュラム・マネジメント」の4つのキーワードと重なるものであり、キャリア教育で目指すべき具体的な視点と方策を示していると言える。また、観点別学習状況の評価における「思考・判断・表現」「主体的に学習に取り組む態度」は、まさに「キャリア発達」につながる姿と捉えられる。さらに「主体的な学び」「対話的な学び」「深い学び」の3つの学びの視点も「キャリア発達」に通ずる姿であることが指摘できる。

2 キャリア教育の一層の充実に向けた具体的方策

(1) キャリア概念の本質的理解とアップデート

上記した成果をさらに押し進めていくためには、キャリア概念の組織的理解が不可欠である。推進当初、学校現場においては、キャリア教育を職業教育と同義と捉えたり、狭義の進路指導と捉えたりするなどの傾向が見られた。徐々に小学校・小学部段階からの全ての教育活動を対象とするという理解が進んだと捉えられるが、依然「キャリア発達」の理解は十分とは言い難い。改めて児童生徒一人一人の具体的な姿から「キャリア発達」を捉え直すことによってその組織的理解を図りたい。

① 「キャリア」と「ワーキング」

特別支援学校等におけるキャリア教育の推進過程においては「ライフキャリア」の視点が多く適用されてきた。キャリア＝職業・就労というイメージから、児童生徒の障害の状態によっては職業・就労が難しいと捉え、余暇など他の多様な役割の充実を目指すべきという、指導・支援する側の考えが背景にあるためと推察される。

筆者がかかわった国立特別支援教育総合研究所[8]のキャリア教育研究

においても、キャリアを「ワーク」と「ライフ」に大別した上で、「ライフキャリアの視点」から障害のある児童生徒のキャリア教育を論じてきた。キャリア教育＝職業教育という誤解を解き、障害の状態の多様性を鑑み、「ライフ」に着目することが有効と考えたためである。

　しかしながら、そもそも「キャリア」とは、職業人の役割を中心とした いわゆる「ワークキャリア」ではなく、多様な役割をとおした「ライフキャリア」を意味する。また、ライフキャリア・レインボーが示す学校教育段階における児童生徒のキャリアは、まさに「学ぶ役割」を中心に、空間的広がりや時間的な流れを踏まえつつ、その意味付けや価値付け、重み付けや関連付けを図ることが肝要となる。「ライフキャリアの視点」とは、障害が重いと言われる児童生徒の就労可能性を諦観するものではなく、本人の「願い」や「思い」を踏まえた可能性を重視すべきものである。現在は視線入力装置や遠隔ロボット等のICT技術が発展し、様々な可能性が拓けてきている。これらの状況を踏まえ、改めてキャリア概念のアップデートを図り、組織的理解に努めることが求められよう。

　この用語の問題については、渡辺[18]が、英米のカウンセリング心理学分野において、「career」から「working」にシフトしてきてきたことを指摘している。workingは「働くこと」という意味であるが、ワーキング心理学[1]では「職業人」として企業等で労働するという「働く」だけではなく、全ての役割をとおして何かを為すことと捉えている点に注目したい。すなわち、ライフキャリア・レインボーが示す「家庭人」として家事や育児を行うこと、「市民」として社会活動をすること、そもそも学校で「学ぶこと」も「働く」と捉えるのである。なお、障害のある人の存在は「その他の役割」に位置付くと考えられ、指導・支援等にかかわる他者に大きな影響を与えているということにも留意したい。

　②　「キャリア発達」と「エージェンシー」

　OECDによるLearning Compass 2030では、「知識、スキル、態度・価値といったコンピテンシーが一体化して絡み合い、さらに『より良い未来の創造に向けた変革を起こす力』を育成するために、『AARサイクル』

を回しながら、個人のみならず社会の『ウェルビーイング』を目指して学んでいくことが必要」[15] であると指摘している。その原動力をエージェンシーとし、「変化を起こすために、自分で目標を設定し、振り返り、責任をもって行動する能力（the capacity to set a goal, reflect and act responsibly to effect change）」と定義している[15]。これを受け、文部科学省ではエージェンシーを「自ら考え主体的に行動して、責任をもって社会変革を実現していく姿勢・意欲」と説明している。

　一方、本邦におけるキャリア教育は「一人一人の社会的・職業的自立に向け、必要な基盤となる能力や態度を育てることを通してキャリア発達を促す教育」であり、キャリア発達は、「社会の中で自分の役割を果たしながら、自分らしい生き方を実現していく過程」と定義している。

　両者の定義や説明から、改めて学びの主体は児童生徒であることを認識するとともにコンピテンシーの育成を目指し、teaching（教える）から多様性を踏まえたlearning（学ぶ）への転換が求められていることが読み取れる。また、児童生徒が様々な「役割」と向き合うことを通して、社会参加・社会参画の先にある社会変革意識の醸成につなげていく必要性を示唆していると捉えられる。なお、「責任（responsibility）」とは、「繰り返し相手の求めに応じ行動することができる」という意味であることを理解し、「役割」と「社会」がつながっていること、多様な他者とのかかわりが影響を与えていくということを重視したい。以上のことから、今後学校教育におけるキャリア発達支援は、その先にある「社会」を見据えた取組がより肝要となるであろう。

⑵　キャリア・パスポートの活用による対話の充実

　重視すべき成果３の充実を一層図っていくために、キャリア・パスポートの活用が期待される。現行学習指導要領では、各学校・学部段階を見通したキャリア教育の充実を図るため、特別活動の役割を一層明確にするとともに「キャリア・パスポート」の活用について言及している。

　キャリア・パスポートは、「学校、家庭及び地域における学習や生活

の見通しを立て、学んだことを振り返りながら、新たな学習や生活への意欲につなげたり、将来の生き方を考えたりする活動を行う」[9] 際に活用する、児童生徒が「活動を記録し蓄積する」[9] 教材であり、まさに一人一人の「学びをつなぐ」ツールである。

キャリア・パスポートの作成及び活用においては、次に示す4点がポイントとなると考える。また、その土台として「キャリア発達」に関する組織的理解が必要となる。

① 対話の促進に向けた4つのポイントを踏まえたツールの活用

キャリア・パスポート活用のポイントとして「可視化」「具体化」「共有化」「段階化」が挙げられる[7]。これらの視点を踏まえた具体的方策としては、マンダラート[3] やKJ法[5] といった思考法やツール、PATH[13] などのアクションプラン作成に向けたワークショップ手法、さらにはTEM図[14]、PAC分析[11] 等の研究法の活用が挙げられる。また、ツールの活用を通した生徒同士の対話による共感や気づきの効果[2] [12] [17] が報告されてきていることを鑑み、同世代の当事者の共感性を活かした取組の充実を図ることが求められる。

② 対話を支えるICT機器の効果的活用

キャリア・パスポートは、学校における既存の取組で作成してきたものを活用したり、例示資料[9] を参考にしたりしながら、各地域や各学校の実情に応じて柔軟にカスタマイズすることとしている。キャリア・パスポートが「教材」であることからも、従前から取り組んできた障害による学習上又は生活上の困難への様々な既存の工夫を活かしていくことが肝要となる。書字や発語等が困難な児童生徒への指導・支援において、特別支援学校が先進的にタブレット端末等を活用してきたことを活かしたい。

なお、文部科学省[10] によるQ&Aでは、「児童生徒の障害の状態や特性等により、児童生徒自らが活動を記録することが困難な場合などにおいては、『キャリア・パスポート』の目的に迫る観点から、児童生徒の障害の状態や特性及び心身の発達の段階等に応じた取組や適切な内容を

個別の教育支援計画や個別の指導計画に記載することをもって『キャリア・パスポート』の活用に代えることも可能」としているが、同時に「個別の教育支援計画や個別の指導計画が作成されていることのみをもって、『キャリア・パスポート』の活用に代えるということではなく、その内容が『キャリア・パスポート』の目的に沿っているかどうかが重要である」と示している点について留意する必要がある。

③　対話のサイクルとカリキュラム・マネジメント

　様々な授業場面において目標設定と振り返りの機会が設定されているものの、断片的に行われている現状にあると推察される。キャリア・パスポートの導入を機に、日々の振り返りと週の振り返り、月や学期の振り返りを有機的に関連付け、児童生徒が自身の取組をとおした成長を実感できるようにしたい。また、そのための教師による形成的評価も肝要となる。なお、ここでは①②を踏まえることによる児童生徒同士の相互評価を工夫したい。同世代による共感や価値付けによって納得解が得られ、自己選択・自己決定がなされていくことが望ましい。

④　対話における教師の力量形成のための学び合い

　ドキュメンテーションの手法やラベル・コミュニケーションやアクティブ・リスニング[16]のように、児童生徒の行動や言動等の事実とその解釈を複数の教師が捉え、語り合うことによる学び合いの充実が望まれる。また、これらを参考とした取組の一例としては、児童生徒の言動を想定し、教師の多様な対話の幅を広げるアプローチである「対話チャート」[4]等が挙げられる。今後コンパクトに学び合える、教師による対話的・協働的な研修の充実を期待したい。

(3)　地域「協働」から「貢献」そして「共創」へ

　成果1を発展させていくことは、キャリア発達の促進のみならず、上述したエージェンシーの育成の観点からも重要であると考える。

　人口減少や少子高齢化が加速する我が国において「地域協働」は、障害のある児童生徒の社会参加のみならず、地域の活性化を図るものとし

て注目され、各地で多様な取組が進められてきた。また、これらの「地域協働」の推進が「地域貢献」に発展した例も見られる。このような取組をさらに「地域共創」に進化させていくことにより、児童生徒一人一人のエージェンシーの育成につなげていくことが求められる。なお、地域協働においては、何をしたか（output）だけでなく、何が変化したか（outcome）に着目し、児童生徒の姿を協働的に丁寧に見取る必要がある。そのことがいわゆる「資質・能力」の把握や育成につながり、成果２の充実につながっていくということについても再認識したい。

　また、キャリア発達の相互性という観点から捉えると、これまでの地域協働活動に関する実践報告から「支援する・される」関係を超えた相互の変容が成果として多数挙げられてきたことに着目したい。これらの成果は障害者の権利に関する条約第24条「教育」の第１項に示す目的の（ａ）「人間の潜在能力並びに尊厳及び自己の価値についての意識を十分に発達させ、並びに人権、基本的自由及び人間の多様性の尊重を強化すること」に通ずるものであり、共生社会の形成に資するものとして一層重視していく必要がある。

⑷　カリキュラム・マネジメントの充実

　キャリア教育の本質的意味は、キャリア発達を促す教育の充実である。そのためには教師自身、そして学校が組織的に授業や教育課程を問い直し改善を図ることである。現行学習指導要領が目指すゴールは「社会に開かれた教育課程」であり、教育課程全体をとおして「資質・能力」の育成を図る観点から「主体的・対話的で深い学び」の視点を踏まえた授業等の改善が求められている。また、その推進により「教育課程を軸に学校教育の改善・充実の好循環を生み出す」カリキュラム・マネジメントの充実を図ることが肝要となる。

　今後、改めてキャリア発達の視点に基づき、地域協働活動を核とした学びの関連付けを図るとともに、対話をとおした児童生徒の学びの必要性を踏まえたカリキュラム・マネジメントの充実が一層求められる。

〔文献〕

1) ブルスティン, D. L.（2018）『キャリアを越えて　ワーキング心理学：働くことへの心理学アプローチ』渡辺三枝子監訳，白桃書房

2) 古江陽子（2020）生徒がなりたい姿「HOPE」に向かって主体的に課題解決を繰り返すカリキュラム「私の成長計画」の開発，キャリア発達支援研究会編『キャリア発達支援研究』7，ジアース教育新社，pp.142-147

3) 今泉浩晃（1987）『創造性を高めるメモ学入門：Mandal-art』日本実業出版社

4) 石羽根里美（2021）児童生徒に対するキャリア発達を促すためのキャリア・パスポートの活用：目標の具体化と学習の関連付けを図るためのツール開発と効果的な対話の在り方の検討，千葉県長期研修報告書

5) 川喜田二郎（1967）『発想法：創造性開発のために』中公新書

6) 菊地一文（2022）対話をとおして児童生徒の「これまで」と「いま」と「これから」をつなぐキャリア・パスポートの可能性，『特別支援教育研究』784，pp.28-31

7) 菊地一文他（2023）学びをつなぐキャリア・パスポートの可能性，キャリア発達支援研究会編『キャリア発達支援研究』9，ジアース教育新社，pp.8-59

8) 国立特別支援教育総合研究所（2010）知的障害教育におけるキャリア教育の在り方に関する研究：「キャリア発達段階・内容表（試案）」に基づく実践モデルの構築を目指して，研究成果報告書

9) 文部科学省（2019）「キャリア・パスポート」例示資料等について

10) 文部科学省（2020）「キャリア・パスポート」Q&Aについて（令和4年3月改訂）

11) 内藤哲雄（1993）『PAC分析実施法入門：「個」を科学する新技法への招待』ナカニシヤ出版

12) 岡本洋（2023）生徒と教員の対話を通して進めるカリキュラム・マネジメント，キャリア発達支援研究会編『キャリア発達支援研究』9，ジアース教育新社，pp.122-127

13) Pearpoint, J., O'Brein, J., & Forest, M.（2001）*PATH: Planning Alternative Tomorrows with Hope: A Workbook for Planning Possible Positive Futures.*（2nd Ed., 4th printing, 2001），Inclusion Press, Toronto.

14) サトウタツヤ編著（2006）『TEMではじめる質的研究：時間とプロセスを扱う研究をめざして』ナカニシヤ出版

15) 白井俊（2020）『OECD Education2030プロジェクトが描く教育の未来：エージェンシー、資質・能力とカリキュラム』ミネルヴァ書房

16) 竹村哲監修，柳川公三子編（2019）『実践！特別支援教育のアクティブ・ラーニング：子どもの内面を捉え、学びの過程に寄り添う教員研修』中央法規出版

17) 田中美紀（2023）知的障害のある生徒に対するキャリア発達を促すホームルーム活動の在り方に関する研究：目標設定、振り返りと対話に着目して，『弘前大学大学院教育学研究科教職実践専攻（教職大学院）年報』5

18) 渡辺三枝子（2020）「キャリア」から「働くこと（working）」へ，キャリア発達支援研究会編『キャリア発達支援研究』7，ジアース教育新社，pp.40-46

菊地 一文

第 4 章

共生社会の形成に向けた
特別支援教育の連携と協働

1 卒業生の豊かな地域生活を願って

　私は全日本特別支援教育研究連盟（以下、全特連）の理事長を12年間務め、任期中に同志と共に全特連ビジョンを策定できたことは、私の喜びの一つであり、終章を執筆できることを感謝している。

　私は、障害のある子どもたちが、学校を卒業してから、働く生活や有意義な日中活動を通して自己の役割を果たし、自分らしさを発揮して地域社会で主体的に生きていくことができること、また本人が希望すれば親から自立し、グルプホームや地域の住まいで暮らすことができること、またそのような生活が保障される支援を利用できること、さらに成人期以降のライフステージにおいて遭遇する様々な人生に関する課題（よりよい生き方）について必要な学習が保障されること（生涯学習支援の保障）、等々の条件あるいは社会的環境づくりを前提にし、それらをもって「成人期の豊かな生活」と考えたい。平成23年1月の中央教育審議会答申「今後の学校教育におけるキャリア教育・職業教育の在り方について」において、キャリア発達とは「社会の中で自分の役割を果たしながら、自分らしい生き方を実現していく過程である」としている。学校卒業後のすべての障害者のキャリア発達支援を視野に入れ、障害者の生涯学習支援について考えてみたい。

2 元文部科学大臣の松野博一氏の談話 「特別支援教育の生涯化」をめぐって

　文部科学省の学校卒業後の障害者の生涯学習支援のスタートになった元文部科学省大臣の松野博一氏のエピソードがある[1]。東京都立永福学園を訪問した際に肢体不自由部門の多くの保護者の「できるものならわが子を学校から卒業させたくない」という不安を受けて、大臣談話を発表した。「特別支援教育の生涯学習化」という言葉で施策の開始を宣言したのである。そして障害者生涯学習支援推進室が設置され、「障害者の学校卒業後の学びの推進に関する有識者会議」の開催があり、その報

告書「障害者の生涯学習の推進方策について―誰もが、障害の有無にかかわらず共に学び、生きる共生社会を目指して―（報告）」（2019年3月）に基づき、現在の施策の基本となる総合教育政策局長通知「障害者の生涯学習の推進方策について」（2019年7月）が出され、その具体化が進められている。

　しかし松野氏の談話に違和感が残るのは、多くの保護者が抱く不安、知的障害を伴う重症心身障害児や医療的ケア児の学校卒業後の地域生活の保障（医療を伴う通所生活介護事業等の拡充）については応えていないことである。特別支援教育がインクルーシブな共生社会の基礎を形成するためには、全特連ビジョンが示すように教育、福祉（医療を含む）、労働等の連携と協働が、特別支援教育の生涯学習化に必須であることを再度強調しておきたい。この観点を前提にして、学校卒業後の生涯学習支援を普及させる課題を述べたい。

③ 学校卒業後の生涯学習支援を発展させるための4層構造モデル

　現在までの障害者の生涯学習支援の施策の展開は、文部科学省のホームページでフォローできる。また生涯学習支援活動については2017年度に始まる文部科学大臣表彰における毎年度の事例集（以下、事例集）で知ることができる。現在、2022（令和4）年度まで文部科学省のホームページ（または冊子の事例集）で発表されている。その支援活動の内容は学習、文化芸術、スポーツ等の多岐にわたっているが、だれもが、障害の有無にかかわらず、いつでもどこでも享受できるほどには支援活動は普及していない。普及が今後の課題である。重要な変化は、生涯学習に係る支援の多くが厚生労働省で所管されていたものを、文部科学省総合教育政策局が統括する形で文化庁とスポーツ庁がそれぞれの領域を担当することになったことである。これからの施策の展開を期待したい。そのために先の有識者会議の報告、会議のヒヤリング、毎年度の文部科学省大臣表彰の事例集等を活用しながら、障害者の生涯学習支援活動を発

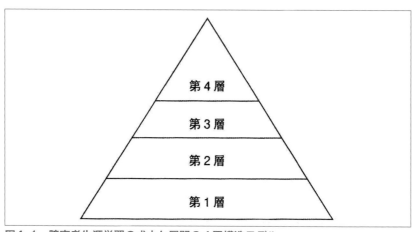

図4-1　障害者生涯学習の成立と展開の４層構造モデル

展させるために、４層構造モデル（図4-1）で説明したい。

　第１層は、障害のみならず人間のあらゆる差異を包摂・容認する差別のない共生地域社会を形成しようとして行われるさまざまなイベントや交流の場づくり等が相互理解の学びの機会になる。たとえば東京都国立市公民館で営まれるコーヒーハウスわいがや、公共的な施設で営まれる喫茶コーナーなど。東久留米市にある東京学芸大学附属特別支援学校で毎年８月第１土曜日に校庭を開放して催される市の障害者福祉作業所連絡会主催の納涼祭。屋台で団らんし、盆踊りや花火を楽しむ市民の交流の場になっている。また事例集では学びや交流の場で必要になる情報提供サービス（視覚障害者支援の点訳・音訳、聴覚障害者支援の手話通訳・教室等）など合理的配慮に係る事業や支援活動がとり上げられているが、第１層に位置づけてよい。

　第２層は障害のある人の生涯学習支援と活動でもっとも基本的な場で、どんなに障害が重くても誰でもが参加できることを前提に営まれる。特別支援学校の同窓会、青年学級あるいは成年教室、スポーツ、文化・芸術等の余暇活動を目指す教室、サークル、クラブ活動などが含まれる。

　第３層は、たとえば国立市の障害者成年教室における当事者主体の学びの講座、同じく東京都の町田市障がい者青年学級の卒業生による本人

の会「とびたつ会」の学び、オープンカレッジなど学びを深める場、スポーツ、文化・芸術活動においては技能習得あるいは創作活動を高める教室などもここに入る。また重症心身障害のある人の訪問カレッジは、支援の内容と方法により高度な専門性が求められるので第3層に入れたい。

　第4層は、学びや技能習得のレベルがさらに高まり、文化・芸術活動では作品発表・実演・公演活動等、スポーツ領域ではパラリンピックを含む競技大会への参加がある。大臣表彰では障害福祉施設におけるクラブ活動の学びが進み（第3層）、国内外での公演活動をしているコロニー雲仙の瑞宝太鼓（就労継続支援A型）、いわみ福祉会の石見神楽があげられる。同窓会活動である東京学芸大学附属特別支援学校の若竹ミュージカルの定期的な公演活動、車いすダンス教室の上級ダンサーが公演や競技大会に参加することも大臣表彰を受けている。オープンカレッジにおける学びの達成によるレポートや修了論文の作成と発表なども第4層に位置づけてよい。

　生涯学習活動は、仲間づくりの意義をも有する第2層から始まり、第3層、第4層と展開していく。しかし現在の段階では、誰でも、いつでも参加できるほど生涯学習の機会や場が用意されてはいない。言葉の正しい意味での「特別支援教育の生涯学習化」のためには、とくに学校卒業後の成人期からのライフステージにそったオープンカレッジの講座活動案（カリキュラム）の開発が急務である。私見であるが、国立特別支援教育総合研究所に障害者生涯学習研究班を設けてほしい。そしてオープンカレッジの講座活動案（カリキュラム）の開発と人材育成（講師養成）の研究を進めてほしい。そうすれば優秀な特別支援教育の教員が全国から研修に参加し、目的が達成されるだろう。これが1995年に同志と共に全国に先駆け東京学芸大学に特別支援学校の卒業生を対象とした大学公開講座「自分を知り社会を学ぶ」の開講を実現した私の夢である。

■■ 終わりに

　全特連ビジョンの採択は、2017年の秋に開催された第56回全特連全国
大会山口大会の理事評議員総会においてである。翌年の全特連機関誌
『特別支援教育研究』4月号のコラム「時流解題」で全特連ビジョンの
解説と併せて、児童生徒の願いと希望（志）を受けとめた個別の教育支
援計画を作成する際に、WHOの国際生活機能分類ICFの視点を大切に
することを述べた[2]。「特別支援教育の生涯学習化」を実現するために
もICFの理解を深める必要性を述べておきたい。

※本書第4章の拙論は『特別支援教育研究』2022年12月号「情報解説」の「学校卒
　業後から生涯にわたる学習支援」（pp.58-59）をふまえて加筆したものである。

〔注〕
1) 当時の文部科学省大臣松野博一談話は文部科学省ホームページ「特別支援教育
　の生涯学習化に向けての松野文部科学大臣のメッセージについて」を参照のこ
　と。有識者会議報告、文部科学省総合教育政策局長通知、文部科学大臣表彰の
　事例集についても、同省のホームページ「文部科学省障害者生涯学習」で検索
　できる。
2) 全特連機関誌『特別支援教育研究』2018年4月号「全特連ビジョンの採択」
　（pp.58-59）を参照のこと。

松矢　勝宏

高倉　誠一　明治学院大学准教授、全日本特別支援教育研究連盟事業部長：第3章10

伊藤　史人　島根大学助教：第3章11

＊菊地　一文　弘前大学大学院教授、全日本特別支援教育研究連盟副理事長兼出版部長：
第3章12

松矢　勝宏　東京学芸大学名誉教授、全日本特別支援教育研究連盟顧問：第4章

これからの特別支援教育は
どうあるべきか

2023(令和5)年12月27日　初版第1刷発行

編著者：全日本特別支援教育研究連盟
発行者：錦織　圭之介
発行所：株式会社東洋館出版社
　　　　〒101-0054　東京都千代田区神田錦町2-9-1
　　　　　　　　　　コンフォール安田ビル2階
　　　　代　表　TEL 03-6778-4343　FAX 03-5281-8091
　　　　営業部　TEL 03-6778-7278　FAX 03-5281-8092
　　　　振　替　00180-7-96823
　　　　U R L　https://www.toyokan.co.jp

装　幀　水戸部 功
本文デザイン・組版　株式会社明昌堂
印刷・製本　株式会社シナノ

ISBN978-4-491-05388-2　　　　　　　　　Printed in Japan